« T'AS UNE TACHE,
PISTACHE ! »

Jean-Luc REICHMANN

« T'AS UNE TACHE, PISTACHE ! »

Éclats de vie

Michel LAFON

Avec la collaboration de Christelle Crosnier
et la complicité de Nathalie…

118, avenue Achille-Peretti – CS 70024
92521 Neuilly-sur-Seine Cedex

www.michel-lafon.com

À tous ceux qui m'aiment… ou pas !

– 1 –

QUAND J'ÉTAIS PETIT, J'ÉTAIS « LA TACHE »

Ce matin-là, un matin sans saison comme souvent à Paris, je me rends dans ce quartier que je connais comme ma poche. C'est exactement ici, à l'angle de cette rue, que j'ai débarqué de ma province il y a tout juste vingt ans. Je retrouve avec émotion l'odeur du marché de Belleville où j'aimais me promener pour m'abreuver de ce gigantesque métissage de tous les pays, de toutes les couleurs, de toutes les traditions.

Mon esprit vagabonde mais subitement tout se fige. Ma chic planète cesse de tourner lorsque soudain je croise son regard. En une fraction de seconde les dizaines de passants qui déambulent autour de nous disparaissent. Je suis pétrifié, mon sang se glace, mon cœur s'emballe. Elle n'est pas très grande, cheveux châtains bouclés tombant sur les épaules, assez menue, là, juste face à moi.

Je ne ressens que l'incroyable émotion de son regard fragile, désemparé, chargé de toute son histoire que moi seul, à cet instant précis, peux comprendre. Très probablement le regard qui était le mien à ce même endroit lorsque je suis arrivé de Toulouse à l'âge de vingt-six ans.

Je ne vois que ça, je ne vois qu'elle… Elle, comme si c'était moi. Comme si un miroir me renvoyait ma propre image des années plus tôt. En plein milieu de son visage, au même endroit, dessinée exactement comme la mienne, comme calquée mais à l'inverse : ma Tache !

Ces cinq secondes m'ont paru un siècle. Elles seront à tout jamais gravées en moi. Aujourd'hui encore, des années plus tard, elles reviennent parfois me hanter.

Elle me regarde intensément, n'en revient pas. Elle s'étonne, s'interroge. Elle ne dit pas un mot… Moi non plus. La pudeur nous submerge, nous laisse muets. Au creux de notre silence insupportable, je devine tout en un instant. J'imagine tout ce qu'elle a pu vivre, endurer.

Je ne sais qui elle est, ni comment elle s'appelle, je sais juste que ce regard m'a suffi. Pour la première fois, en quarante-six ans, je rencontre mon alter ego, mon double au féminin. Je comprends instantanément ce qu'elle a vécu. Je connais son passé, je peux entendre tout ce qu'elle a toujours voulu dire sans jamais oser le prononcer. Au milieu de ce brouhaha du marché de Belleville, le silence devient insoutenable. Je peux réciter par cœur tous les mots que les autres ont pu sournoisement lâcher dans son dos : « Hé, t'as vu la nana… La tache sur le pif ! »

Nous n'osons toujours pas nous parler, par respect, par délicatesse, elle s'éloigne au milieu de la faune bigarrée de cette Belle Ville…

Je ne sais toujours pas qui elle est, mais elle a déclenché en moi un véritable tsunami.

Toute mon enfance, toute ma jeunesse remontent à la surface et la vague me submerge. Cette tache qui me suit depuis que je suis né…

« T'as une tache, pistache !… Qu'est-ce que t'as bu, Nez rouge ?… Tiens v'là l'alcoolique !… »

Mes copains d'école étaient grands, maigres, petits, gros, avec un strabisme, à lunettes. Ils étaient beaux, moches, blonds ou roux… Moi, j'étais… « la Tache » !

Une immense tache de vin à moi tout seul : « Hé la Tache, ta mère a toujours envie de fraises ? »

*

*   *

Ouverture du dictionnaire : médicalement parlant, c'est un angiome. Une malformation qui résulte de vaisseaux sanguins ou lymphatiques anormalement dilatés. Une tache de naissance qui, selon les cas, peut se révéler plus ou moins « encrée ». La plupart du temps, à fleur de peau, elle disparaît spontanément sans laisser de traces.

Perso, quand j'étais petit je n'ai pas eu cette chance, elle était trop profonde. Beaucoup trop présente pour se séparer de moi… et moi d'elle.

Allez va… *Faut faire avec !*

« Faut faire avec »… Cette règle, je me la répétais continuellement. Cette force qu'il fallait sans cesse trouver pour relativiser, positiver, s'adapter, mais surtout pour improviser lorsque les fossés creusaient sans prévenir les chemins de ma vie.

Ma tache… Même les violents traitements à la neige carbonique que m'infligeaient d'éminents spécialistes dans les plus grands hôpitaux lorsque j'étais enfant n'ont pu en venir à bout.

J'ai cinq ans. Chaque mois, je monte avec ma mère dans la Dauphine. Comme elle n'a pas son permis, c'est mon père qui conduit. Direction l'hôpital, avec ses couloirs interminables et lugubres. Terrorisé, je m'allonge sur la table dans la salle de chirurgie dermatologique. Je fixe les demi-globes métalliques des lampes suspendues au-dessus de ma tête. Je les compte, un par un, comme je comptais les lampions de la kermesse de l'école, mais là, ils se sont fanés et ont perdu toutes leurs couleurs…

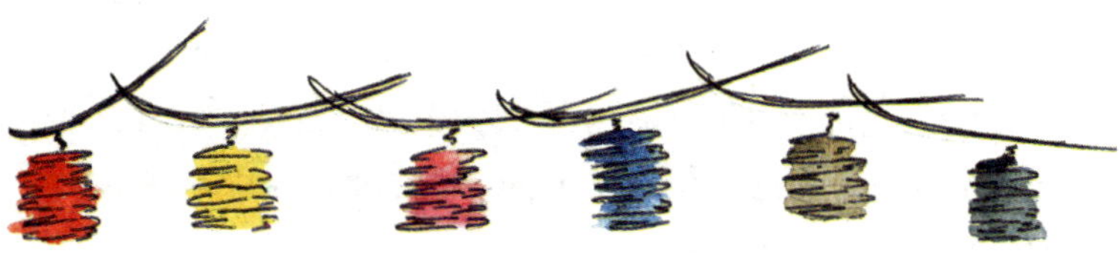

Le traitement est un véritable supplice. La neige carbonique me donne l'impression qu'on me laboure le visage avec une aiguille. Les marques qu'elle laisse sur ma peau sont de véritables entailles. Le médecin utilise mille et un subterfuges pour détourner mon attention de cette souffrance. « Tu sais compter jusqu'à cent ? » Je ne suis pas dupe mais je m'exécute, sans pouvoir contenir les larmes qui roulent le long de mes joues. Je sais que pour chaque point de laser sur la peau, il faut que je fasse grimper le score. Lorsque j'arrive fièrement à cent, je crois la torture terminée. Erreur ! Le docteur me redemande de compter jusqu'à cinquante. Je n'en peux plus mais je m'accroche désespérément à mon doudou, cette housse de coussin en tissu de toutes les couleurs dont je ne me sépare jamais, tel Charlie Brown. Je ferme les yeux, ne supportant plus un seul mot de ce que me raconte cet insupportable blousé de blanc, malgré son infinie gentillesse.

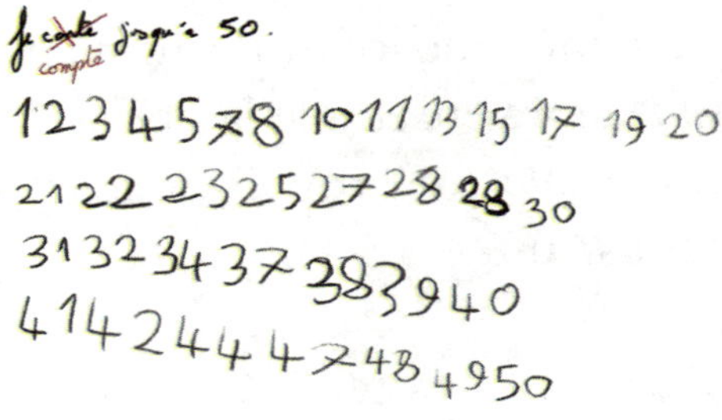

Fuir… Je ne pense qu'à fuir.

Au retour, un autre châtiment m'attend. Le temps de la cicatrisation, je redeviens l'objet de toutes les moqueries. Le pansement que je porte pour éviter à la plaie de s'infecter fait le plus grand bonheur de mes petits camarades d'école. La douleur d'un enfant de cinq ans laisse la place à la tristesse et à la solitude.

Mon unique consolation ? Les Schtroumpfs que l'on m'offre comme récompense. Je les aime et le traitement me permet d'agrandir ma collec'… Plus de deux cents figurines que je conserve encore précieusement à la campagne, et avec lesquelles les enfants schtroumpfent à leur tour aujourd'hui.

Quand un gros mot me brûle les lèvres, je lance « J'en ai plein les Schtroumpfs de ce Schtroumpf de laser. » On en sourit parfois avec ma mère… « Maman c'est la dernière schtroumpf que je vais à l'hôpital parce que j'en ai vraiment… ma Schtroumpf ! »

Peu avant mon sixième anniversaire, au retour d'une séance particulièrement douloureuse, je supplie mes parents de mettre un terme définitif au traitement qui me fait tant souffrir. Après des mois de galère nous ne constatons malheureusement aucune amélioration. Je n'en peux plus. Nous prenons alors ensemble la décision de ne plus retourner à l'hôpital… Trop pénible, trop d'incertitudes. C'en est fini !

*
* *

Inconsciemment au plus profond de moi, j'ai déjà accepté l'idée que cette trace de peinture, ce coup de pinceau violacé mal placé m'accompagnera toute la vie. À partir de maintenant, il faudra donc définitivement faire avec…

C'est une période difficile pour l'enfant que je suis. Tout devient prétexte à piquer des colères, à devenir possessif voire exclusif avec ma mère. Mettre le doigt sur chaque détail jusqu'à en faire un tremblement de terre, sentir perpétuellement le regard des autres sur moi. Le moindre commentaire avive ma parano, la moindre allusion je me la prends, même si elle n'est pas pour moi.

Enfiler sans cesse le costume du mal-aimé :

«Mal aimé, je suis le mal-aimé…
Les gens me connaissent
Tel que je veux me montrer
Mais ont-ils cherché à savoir
D'où me viennent mes joies ?
Et pourquoi ce désespoir
Caché au fond de moi ?»

J'ai huit ans… Mon frère aîné, Bruno, porte une aube pour faire sa communion solennelle, moi je fais ma communion privée habillé en civil. Mon père a gardé encore ce vieux film Super 8 où l'on me voit assis dans un coin en train de faire la tête : Bruno a eu un plus beau cadeau que le mien… La moindre broutille prend des allures d'injustice, et je ne peux pas supporter l'injustice. D'ailleurs, je ne supporte pas grand-chose.

« Pourquoi moi ? » Cette question d'enfant qui me taraude, je me la pose des milliers de fois quand je commence à prendre conscience du regard des autres. Les mots des petits copains de classe me faisaient mal, mais je n'en mesurais pas la portée. Maintenant les plaisanteries tombent comme une condamnation. La première fois c'était à la campagne, chez mon grand-père maternel en Bourgogne. Je suis fier sur mon vélo bleu quand le voisin m'interpelle : « Hé t'es tombé du vélo ? T'as le nez râpé ! »

En une fraction de seconde, je prends une gifle d'une violence inouïe. J'étais un enfant comme les autres, libre et heureux sur mon beau vélo bleu, et là, tout se brise, je ne suis plus Jean-Luc, je suis en fait « Nez râpé ».

À chaque rentrée des classes, le couperet tombe. Mon père étant muté tous les ans dans une nouvelle ville, aucun de mes camarades n'a le temps de s'habituer à ma différence, me la rendant toujours plus insupportable. De déménagement en déménagement, de rentrée des classes en rentrée des classes, je dois sans cesse tenter de conquérir de nouveaux amis, tenter de m'intégrer, à chaque nouvelle sonnerie, dans ce terrain miné que peut être la cour de récré. Je teste, je cherche inconsciemment à attraper, à apprivoiser des regards, à essayer de me montrer fort tout en leur disant au fond de moi : « Je suis comme toi ! »

En sixième, cette satanée tache me vaut d'être rebaptisé « Reichmann le Rouge » par mon prof de maths, monsieur Poireau. La honte devant les filles… Un jour en classe, je mâche discrètement un chewing-gum lorsque tout à coup monsieur Poireau me lance : « Reichmann le Rouge, au tableau ! » Je m'avance vers l'estrade, il me dit sèchement : « CHEWING-GUM ! » Alors que je me dirige d'un pas nonchalant d'adolescent vers la grande poubelle, il m'interpelle et me demande l'objet du délit. Tout en me donnant l'ordre de réciter ma leçon, il ramollit lentement la pâte chloro-filée entre ses doigts gourds. Puis il s'approche de moi, me l'étale délicatement dans les cheveux, juste en haut, là, derrière la tête, niveau tonsure de moine, devant une classe morte de rire. Je ne remercierai jamais assez Chantal et Cathy, deux petites copines qui eurent pitié de moi et qui, à la fin du cours, me coupèrent discrètement les cheveux dans les toilettes avec leurs petits ciseaux à dessin, pour que ma mère ne voie rien…

Dans le corps enseignant monsieur Poireau n'est pas le seul à m'affubler de surnoms divers… Au lycée Saint-Joseph chez les Jésuites à Toulouse, mon prof de français de la quatrième à la seconde, monsieur Bouchard, un mètre quatre-vingt-dix, est un grand gaillard baraqué à la voix éraillée. Ses cordes vocales auraient été sérieusement abîmées d'un coup de crampons, reçu dans une mêlée au rugby. J'ai entendu parler de lui comme d'une terreur.

Le premier jour, alors qu'il pousse la porte de la classe, il nous dévisage un par un. Puis il referme la porte d'un coup sec avec son pied droit, au risque d'en faire exploser la vitre. De sa voix de crécelle, il lance un strident « Asseyez-vous ! » Tout le monde se retient d'éclater de rire. Nous nous asseyons, plongeons dans nos pupitres pour essayer de faire diversion. Il nous met immédiatement au parfum : « Bande de petits connards, vous avez encore le jaune d'œuf qui vous pend au cul ! La ferme ! »

Monsieur Bouchard a la fâcheuse habitude de donner de très mignons surnoms à tous ses élèves. Mon copain du premier rang qui a un œil de verre devient très rapidement « Œil de bœuf », il transforme Sole en « la Limande », et mon pote René, fils d'agriculteur, c'est évidemment « l'Agricule »… Moi, sans la moindre originalité, c'est « La Tache, au tableau ! » Ces mots sont insupportables lorsque tu es ado, cette période de ta vie déjà si délicate. Quand tes profs t'enfoncent de manière si violente et destructrice, les complexes remontent aussitôt à la surface. Je dois pourtant reconnaître que, paradoxalement, c'est grâce à monsieur Bouchard que j'ai appris à aimer le français, la langue française… Molière, la Pléiade, Du Bellay, Ronsard… Tous ces auteurs qui me feront prendre conscience de vivre, d'apprécier, de déguster l'instant présent.

La tache au tableau !

Je me rappelle également avec tendresse et délectation ces cours de français du lundi matin où l'on débriefait avec lui le match de la veille du Stade toulousain : « Alors vous l'avez vu ce putain de match, bande de petits cons ? Qu'est-ce que vous en avez pensé ? Et toi, la Tache ? Allez, au tableau ! »

*

* *

La tache… Une trace indélébile et douloureuse que je n'évoque jamais en famille. À aucun instant je ne veux que mes parents puissent s'imaginer que je leur reproche de m'avoir conçu « différent ».

Malgré tout, le regard des autres pèse terriblement. « Oh qu'il est mignon », balbutient en découvrant mon anomalie les voisines de ma mère. Version originale sous-titrée : « Le pauvre, mais qu'est-ce qui lui est arrivé ? Ça se soigne ? Vous vous êtes renseignée ? Qu'est-ce qu'ils vous ont dit ? Il ne va pas rester comme ça toute sa vie, quand même ! » Dans ces commérages, je flaire leur pitié et me sens profondément blessé, voire handicapé. Je me cache dans les jupons de ma mère… Je perçois en filigrane sa culpabilité lorsqu'elle leur répond, comme pour se justifier : « Vous savez, à l'hôpital ils ont tout fait pour la lui enlever. » À cet instant précis, ma douleur décuple.

Dans la rue je me voudrais invisible. J'évite les regards. Ceux du dédain : « Il n'est pas comme nous… » Ceux de la compassion : « Putain la tache ! »

Devant les filles, je tente de faire mes preuves en jouant les Don Juans du haut de mes quatorze ans mais parfois j'entends murmurer dans mon dos : « Tu ne peux pas sortir avec un garçon comme ça… » Je sais que, quoi que je fasse, quoi que je dise, à l'adolescence elle prend de plus en plus d'importance, cette tache. Au point d'en être réduit à ce maudit angiome qui dévore mon visage… et ma vie.

Lorsque j'allume une cigarette pour la première fois, alors que mes copains se cachent pour fumer, je le dis immédiatement à mes parents. En revanche évoquer ma tache reste absolument tabou. À ce sujet, je leur cache tout. Par respect, par pudeur. Réflexions, moqueries, adjectifs douloureux… Insupportable.

Pour certains, je suis en plus « Reichmann le Schleu, le Boche, l'Allemand » ! Parfois les deux se cumulent : « Dis donc, ils ne t'ont pas raté, dans les camps, avec ta tache ! » Aujourd'hui, avec le recul de mes cinquante ans passés, je me rends compte du pouvoir dévastateur de ces mots. Moi dont le père au nom juif a été caché et a été élevé dans une église par un curé pendant toute la guerre dans les montagnes françaises… Il était né en Tchécoslovaquie et avait passé la frontière à l'âge de six ans dans un train où il portait une pancarte autour du cou et récitait parfaitement sa leçon : « Je m'appelle Pierre et je vais en vacances rejoindre mon père en France… »

Dans ces moments de détresse absolue, la tache est encore plus visible, évidente, le soir quand je suis seul, face au miroir de notre salle de bain. J'ouvre alors délicatement le tiroir de gauche réservé à ma mère, pour lui emprunter un peu de son fond de teint. Sans faire de bruit, je tente de camoufler ma « différence » pour essayer de ressembler à tout le monde.

Que dois-je faire pour être, paraître comme les autres ?

Je descends par le garage, évitant la cuisine pour ne pas croiser ma mère, sachant pertinemment qu'en un seul regard elle m'aura démasqué. Je vais rejoindre mes camarades dans les « boums » où je sais qu'il fait obscur et que je pourrai essayer de parler, tenter de me dévoiler un peu plus, tel que je suis. Dans la pénombre de ces soirées, finalement je recherche un peu d'égalité.

Je garde dans ma poche le fond de teint de ma mère pour m'en remettre une dernière couche dans le rétroviseur de ma Mobylette avant d'arriver. Je le reposerai discrètement à sa place en rentrant, car je sais qu'elle ne l'utilise que le matin et ne s'apercevra de rien… De ça non plus, nous n'avons jamais parlé.

Avec l'aide de cet artifice, de cet écran, j'essaie de me persuader que je me sens mieux. Je tente de me couler dans une pseudo-normalité qui au fond… de teint, n'en est pas une.

Et pourtant…

Devant ma glace, je me sens beaucoup moins bien en masquant ma tache qu'en la montrant en plein jour. Le pire, c'est que je ne me reconnais plus ! Décidément, je ne m'aime pas comme ça.

– 2 –

TRÈS TÔT,
J'AI DÛ RÉAPPRENDRE À PARLER

Ma mère est loin du téléphone, ma petite sœur à un mètre. Il sonne, sonne, SONNE. Une maman regarde sa fille, insistant, espérant, puis se fige. Détresse d'une mère face à son enfant, face à l'impuissance.

Le verdict est sans appel, Marie-Laure est sourde.

Déficiente auditive à 85 %. Impuissance de la famille. Anéantissement des parents.

Paradoxalement si quelqu'un m'a aidé à grandir, sans qu'elle le veuille, c'est ma petite sœur.

Nous sommes en 1971. J'ai onze ans, mon frère Bruno quatorze, elle deux. Je suis devenu l'enfant du milieu. Marie-Laure ne parle pas mais crie, crie beaucoup, court partout, s'agite tout le temps, bref, elle agace tout le monde. Sans doute a-t-elle déjà la rage de ceux qui ne se sentent pas compris et revendiquent leur existence. Nous l'ignorons.

À cette époque, les technologies ne permettent pas encore de déceler une quelconque déficience chez les enfants. Ils ne sont pas suivis comme les nôtres aujourd'hui. Mon oncle Yano, grand médecin en Tchécoslovaquie, nous fait remarquer que Marie-Laure est effectivement vive *comme un têtard*, et qu'elle est certes en retard mais que ce sont des choses qui arrivent. Caprice ou fainéantise, aucune raison de s'inquiéter de son non-parler.

Moi qui suis très possessif, pour ne pas dire exclusif avec ma mère, je dois désormais la partager non seulement avec mon frère mais avec une petite boule de tendresse super brailleuse.

Si mon frère Bruno a une coupe à la Stone (des Rolling Stones), Marie-Laure a eu très tôt une coupe à la Stone (de Stone et Charden). Avec ses mimiques, ses rires et ses sourires, elle arrive très bien à séduire voire embobiner tout le monde, moi le premier. Nous jouons, nous

nous amusons tous les jours, mais je ne trouve pas vraiment les mots pour établir le contact avec elle. Mes parents non plus d'ailleurs. Ce n'est que tardivement, quand elle atteint l'âge de trois ans, que la vérité nous éclate à la figure.

Walter, mon grand-père paternel, se montrera intraitable et ne pardonnera jamais à ma mère d'avoir mis au monde un enfant handicapé.

Prise de conscience : pour moi qui souffrais de ne pas être compris à cause de ma tache, le problème se déplace instantanément. Je ne suis plus du tout celui que l'on montre du doigt mais je deviens le grand frère, responsable, investi d'une mission de protection. Lorsque le handicap d'un enfant s'invite dans la famille, le regard des autres, même celui des plus proches, change. Inévitablement les parents culpabilisent… Exactement comme pour moi, des années plus tôt avec ma tache. Pour essayer de soulager tout le monde, de moins culpabiliser, on essaie de prendre le relais… comme on peut.

Pour que Marie-Laure me comprenne, je m'aperçois vite qu'il faut que j'apprenne d'abord à mieux articuler, à faire résonner le mot juste, le son précis pour elle qui n'entend que les fréquences graves. Bref, à parler différemment. Je dois m'exprimer du mieux possible pour lui donner l'exemple, tant sur le plan vocal que gestuel. Lorsqu'on s'adresse à un malentendant, les expressions du visage et du corps sont primordiales.

Dans la famille, déjà que nous avons du mal à parler et à faire passer nos sentiments, à partager nos ressentis, là c'est le pompon, la cerise sur le gâteau, la banane sur le kouglof.

Je prête l'oreille, mon oreille, à Marie-Laure quand je suis à ses côtés pour essayer de compenser et surmonter le déficit de la sienne. C'est un miracle que nous espérons tous. En fait, je tente de tendre l'oreille pour deux.

Trouver le bon ton, le bon timbre de voix, le bon mot, chercher la parole adéquate. Établir le lien entre les mots et ce qu'ils désignent. « Bras ! Ça c'est ton bras, pour attraper ta poupée », gestes à l'appui. « Tu as deux bras ! » et je lève les miens en l'air comme font-font-font les petites marionnettes. Je chante, elle rit.

Marie-Laure sans le savoir me pousse encore plus à me perfectionner, à développer ma sensibilité, et lorsque le moment le permet, le sens de l'humour et de la repartie. Déplacer le problème, l'alléger pour, en filigrane, mieux découvrir son univers.

Rire ensemble de ses réactions plutôt que d'en faire un drame. Regarder la télé en famille avec elle, par exemple, pourrait s'apparenter à un sketch de Gad Elmaleh. Tout le monde fait « CHUUUUT ! », l'index collé sur les lèvres, et elle, dans les moments les plus intenses, les plus dramatiques ou les plus romantiques, au paroxysme du dénouement d'un film à grand suspense, elle hurle : « QU'EST-CE QU'Y DIT ? »

Vous comprenez maintenant pourquoi bien plus tard je me battrai avec acharnement pour que toutes mes émissions télé soient sous-titrées !

Ma petite sœur m'apprend à relativiser, à regarder la réalité en face. Ma tache ne m'empêche ni de voir, ni d'entendre, il y a effectivement bien pire que mon cas. Vivre dans le monde du silence, être coupé des autres. Sans l'oreille mais avec une voix défiant les plus grands chanteurs d'opéra lorsqu'elle crie inlassablement, jusqu'à la limite du supportable pour essayer de se faire entendre, alors qu'on est à un mètre d'elle.

Comme toute la famille je dois tendre la main, ou au moins l'oreille, à ma petite sœur. Ne pas la laisser se débattre, nager seule dans son bocal. Lorsqu'on est sourd, c'est exactement comme si on était à vingt mètres sous l'eau. Enfin c'est ce qu'un sourd m'a dit mais vu qu'il est sourd, je ne sais pas comment il l'a entendu… Bref.

Je vais donc tenter de m'adapter à elle au fil du temps, essayer moi aussi de comprendre, de la comprendre en apprenant à lire sur ses lèvres, de capter ses mimiques et aussi d'interpréter ses gestes.

Je vais jusqu'à me boucher les oreilles avec des boules Quiès pour analyser ce qu'elle ressent. Je plonge ma tête dans la baignoire pour me faire une idée de ce qu'elle entend et de ce qu'elle peut éprouver.

Impression de solitude, d'isolement… Terrifiant.

Quand je n'arrive pas à lui faire passer les messages, je pousse le trait jusqu'à l'exagération. J'en rajoute comme dans un film de Chaplin. J'articule à la manière des acteurs de films muets, je crie avec les mains en cornet devant ma bouche sans émettre un son, je fais des circonvolutions avec mes lèvres à m'en décrocher la mâchoire. Elle ne comprend rien. Ça tourne au film comique. Ça la fait rire, ça nous fait rire, mais comme elle le dira et comme elle le dit encore aujourd'hui… « *C'est pas Krave !* »

C'est peut-être de là que me viendra plus tard cet amour pour le théâtre : écouter l'autre, développer l'imaginaire, faire passer des messages avec son corps, sans parler. Respirer, mimer, essayer de placer sa voix, améliorer sa diction. Répéter, recommencer…

Éveiller l'émotion, inventer des méthodes d'approche, chercher des parades, s'adapter. Répéter, recommencer… Je ne le sais pas encore, mais c'est ce qui deviendra mon menu quotidien à longueur d'années.

Marie-Laure me surprend tous les jours : lorsque nous partons en week-end ou en vacances avec nos parents, nous dormons tous les deux, toujours dans la même chambre. On dédramatise, on parle sans son, on rit sans émettre un bruit, on discute sans un mot, on se dispute sans gros mots. Comme frère et sœur, comme chien et chat, on crie certes, mais on crie en silence. Quel parent n'en a pas rêvé ? On s'endort. Elle rallume d'un seul coup, se dresse sur le lit d'un bond, et elle hurle : « Y a un moustique ! » Elle n'entend strictement rien, et elle me réveille en pleine nuit pour me dire qu'il y a un moustique ! Comble du comble, il y en a un, je me suis déjà fait bouffer, elle non. Elle peut voir une mouche à cent cinquante mètres. Quel que soit le handicap, les autres sens compensent… Avec Marie-Laure je suis à bonne école, j'apprends tous les jours.

C'est elle, même si elle a du mal à y croire, qui va m'ouvrir la voix, la voie. Je pense même qu'elle m'évitera de rester étranger à moi-même, et de passer à côté de ce que je suis.

L'approche, le partage, l'observation… En partie, je les lui dois. L'aider à surmonter sa déficience auditive me permet au quotidien d'affiner l'écoute et l'usage des sens.

Du trublion révolté irascible et colérique que j'étais, je deviens celui qui écoute et patiemment répète. Je la prends sous mon aile. Comme toute la famille, j'aménage mon temps d'adolescent pour qu'elle soit suffisamment armée, qu'elle puisse se défendre, comme moi au quotidien avec ma tache, quand elle sera l'objet de moqueries. J'y suis passé avant, j'y passe encore aujourd'hui, je sais les dégâts que ça peut provoquer, les sentiments qu'on peut éprouver. Ça m'angoisse par avance pour elle.

Chaque jour, c'est dans l'autre que j'apprends

J'apprends la patience…

Moi qui veux toujours tirer plus vite que mon ombre, agir à très grande vitesse, je dois composer avec elle, ralentir, freiner, dire une chose après l'autre, répéter sans cesse, pour être sûr d'être bien compris et faire de cette satanée patience mon alliée.

Chercher minutieusement la meilleure méthode pour être plus précis, aller toujours plus vite et toujours plus loin. Je déploie des efforts de concentration, comme toute ma famille je m'investis pleinement. Lorsqu'une avancée, un résultat même infime pointe, c'est pour nous la plus belle récompense.

Ces enseignements vécus au jour le jour auprès de Marie-Laure me permettent également de progresser, d'appréhender, d'aborder les gens et leurs problèmes, de poursuivre ma recherche jusqu'à trouver la solution la mieux adaptée.

À l'école j'ai tendance à m'exprimer plus qu'il ne faudrait, je cumule les bêtises et mon cahier de correspondance se remplit à vue d'œil mais à la maison je me dois de rester zen.

Avec force et conviction, j'y arriverai. Je tiendrai tête à l'adversité. Je suis têtu de naissance, mon père m'appelait Idéfix, je suis une sale bête de Scorpion, je ne renonce pas… ça tombe bien.

Mais un défaut peut se transformer en qualité…

*

* *

Petite parenthèse pour montrer que la rébellion et la ténacité doivent être dans les gènes… Un épisode particulièrement cocasse et significatif avec mon grand-père me revient à l'esprit. J'ai huit ans, nous sommes en vacances chez lui avec mon frère Bruno et mes parents, en Haute-Savoie…

– J'aime pas la soupe de cresson, je la mangerai pas !

– Tu ne sortiras pas de table tant que tu n'auras pas fini ta soupe.

Pépère, le chef, a parlé. La sentence du procureur est tombée. Il n'y a plus qu'à s'incliner.

Celui qui assène ces incontestables propos, les dents serrées et la mâchoire contractée, c'est Walter, mon grand-père paternel. Il a le cou barré par une longue cicatrice, suite à un coup de grisou (une explosion de gaz lorsqu'il travaillait dans une mine de bauxite pendant la guerre). Elle m'effraie, limite me terrorise, cette cicatrice, quand je suis assis derrière lui en voiture dans sa Dyane 6, et que sa tête se balance vers le volant pour s'élancer, et tenter d'aller plus vite quand il double dans les côtes.

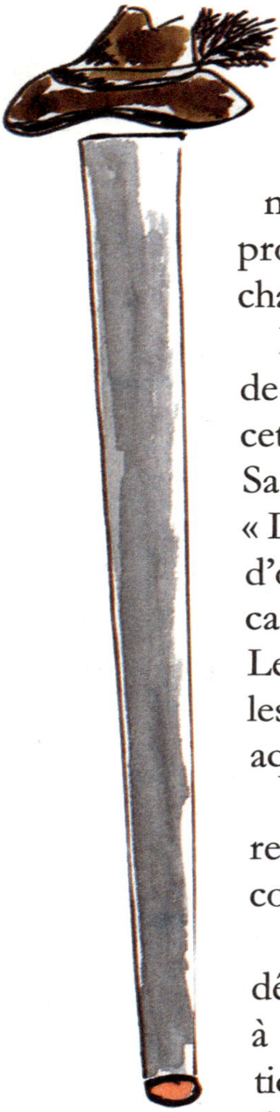

Sur sa tête méticuleusement rasée, il porte le couvre-chef autrichien vert en feutre, le plumeau bien planté dans le chapeau. Sa démarche hitchcockienne nous fait terriblement peur lorsqu'il s'approche de nous : nous nous demandons chaque fois ce qui va nous tomber sur la tête.

Il découpe au millimètre près les croûtes de fromage sur une planche de bois prévue à cet effet pour les donner aux oiseaux du ciel. Sa villa à Passy, en Haute-Savoie, s'appelle « Les Mésanges » et regorge d'une centaine d'oiseaux de toutes plumes dans les volières : canaris, mandarins, perruches, perroquets. Les lapins nains courent sur la moquette, les perroquets sont en liberté, les poissons aquariumisés, et nous tous… terrorisés.

Son accent allemand n'a rien de langoureux. Il est dur et tranchant comme un couperet.

Mon père, avant moi, a vraiment dû déguster… Goûter jusqu'à n'en plus pouvoir à son inflexibilité. Son entêtement autocratique nous empêche presque, Bruno et moi, de l'aimer vraiment. Mon père l'a-t-il digéré depuis ? Je l'ignore… Je ne le pense pas. Walter ne supporte pas qu'on lui résiste.

Pas question de déroger à ses règles clairement établies. On se plie, on exécute.

– Mange ta soupe !

Pour lui, tout refus est un affront. Il n'en tolère aucun. Et ce n'est pas un gamin de huit ans qui va transgresser l'interdit. Il nous impose à chaque repas le rituel de sentir nos mains pour voir si elles sont propres, et nous donne de grands coups de fourchette sur les coudes si on a le malheur de les avoir posés sur la table.

« Pas les coudes sur la table ! » On lève le coude pour manger sa soupe, on pose le couteau sur le porte-couteau, on met sa serviette bien pliée, roulée dans le rond quand on a fini de manger.

Il déguste lentement les plats qui se succèdent sous mes yeux : les trois entrées traditionnelles, le plat de résistance (le bien nommé) et ses trois légumes de saison, le fromage et enfin ce gâteau rectangle à la crème au beurre que j'aime tant, fait de Petits-Lu bien entassés et rangés par Andrée (sa dernière femme), gâteau qui est encore resté aujourd'hui le dessert familial des grandes occasions.

– Mange ta soupe !

Mon assiette creuse ne fume plus, continue de me narguer. La cuillère à soupe dans la main droite, de plus en plus raide, je tiens bon depuis plus d'une heure.

Je ne cède pas. Je n'ai plus le choix. C'est ça ou me laisser imposer les desiderata des autres, y compris et surtout celui du chef ultime.

Impossible pour moi de plier. Je résiste à tout, même à mon dessert préféré !

Le traditionnel carré de chocolat me passe aussi sous le nez.

Face à ce duel muet qui l'accable, ma mère essaie de trouver une échappatoire.

– Ce n'est pas grave s'il n'aime pas la soupe de cresson…

Échec.

Il est 21 heures. La guerre des nerfs est déclarée. La fatigue poursuit sa route ; mon frère est parti se brosser les dents. Demain je dois me lever tôt, Tante Claire a organisé son emploi du temps en fonction de notre venue pour me donner un cours de piano.

Pour ma mère dont le visage se décompose, c'est une véritable torture.

– Il est encore petit, vous ne pouvez pas faire cela !

Elle se tourne vers mon père silencieux, plongé certainement dans ses lointains souvenirs du temps difficile où il occupait ma place.

– Allons, Pierre, réagis !

Mon père tente un dialogue auprès du chef suprême… En vain.

À 22 heures, après deux heures et demie devant mon assiette de soupe froide, Walter baisse la garde et rend les armes.

Recette de la soupe au Cresson.

– Va te coucher !

Échec et mat.

Je passe derrière lui encore attablé et sors, la tête baissée en signe de soumission.

Walter se tourne alors vers ma mère qui a les yeux gorgés de larmes, et lui lance avec une fierté germanique qui n'appartient qu'à lui :

– C'est un Reichmann !

Cette aventure familiale, devenue « l'Épopée de la soupe au cresson », me vaut à tout jamais le titre d'« Idéfix » !

… Fin de l'épisode « Soupe au cresson ».

*
* *

Ne jamais lâcher prise, inlassablement : c'est en parallèle ce que j'essaie de mettre en application au quotidien avec Marie-Laure.

Toulouse. Je l'emmène en moto. Ma première moto. Elle a six ans, j'en ai seize. Je lui dis :

– Entre dans cette boulangerie et achète une baguette s'il te plaît.

– Moi ? Non mais ça va pas, non ? Je ne veux pas, je ne PEUX pas !

La honte, la peur, l'angoisse de ne pas être comprise, la barrière du langage, du vocabulaire…

Elle a un caractère en béton armé. Pourtant, elle pleure…

Je recommence le lendemain. Elle refuse à nouveau.

La troisième fois, je me plante devant une autre boulangerie.

– Vas-y.

Elle y entre tremblante et en ressort en colère.

– Elle n'a pas compris ce que j'ai dit. Tu me ridiculises ! Je suis nulle, je suis sourde, SOURDE, tu comprends ça ?

Je lui rétorque :

– C'est pas Krave Marie-Laure…

Je me dis tout bas, vu qu'elle n'entend pas, que ce sera pour la prochaine fois.

– Plus jamais, tu entends ? Parce que toi tu ENTENDS, moi NON !

Ça la plonge dans un état d'hystérie indescriptible.

Je réitère encore et encore, à chaque fois devant une nouvelle boulangerie pour lui éviter le plus possible ce sentiment de culpabilité et de honte… Négatif. Quatre fois, cinq fois, six fois…

Mais au bout de la huitième, alors que je m'arrête devant la boulangerie de L'Union, la ville dans les environs de Toulouse où nous habitons, ma petite sœur revient avec une baguette à la main. Comme un talisman.

J'ai gagné mon pari.

Désormais dans le village, tout le monde la connaît. Ce n'est plus la petite sœur de Jean-Luc mais Marie-Laure. C'est depuis ce jour que je deviens le frère de Marie-Laure. Elle l'a fait ! Surmonter son angoisse, son appréhension, sa peur.

*

* *

Pour notre famille, pour ma sœur, les obstacles ne manquent pas. La feuille de route est longue et le chemin parsemé d'embûches. Essayer de changer les mentalités est un travail de titan. Mes parents ont conscience que ce handicap suivra leur fille toute sa vie, mais nous nous battons, tous ensemble, chacun à son échelle, pour que le fardeau soit moins lourd à porter. Qu'elle ne se sente pas exclue, ou du moins, le moins possible.

À l'école, tout est très compliqué. Pour qu'elle puisse suivre une scolarité dite normale, les professeurs doivent porter un micro afin qu'elle soit connectée en direct avec eux. On appelle ça l'Auticon, une sorte d'émetteur-récepteur entre le professeur et l'élève. Je passe sous silence les comportements odieux et tous les refus du corps enseignant que nous essuyons… Les conseils bienveillants du style « Mettez-la en établissement spécialisé… C'est sa place », « Combien pèse le micro que l'on doit porter autour du cou ? Il est lourd, non ? »

Du haut de mon adolescence, j'aurais bien laissé aller mon caractère soupe au lait déjà bien trempé. Mais avec ma voix éraillée qui déraille comme mon train Jouef punaisé sur une grande planche de contreplaqué, je n'ose pas encore la ramener. Mon beau train, que j'ai relié à des poulies pour le suspendre dans le garage au-dessus de la Ford Taunus de mon père afin de gagner de la place.

Seule une école privée l'accepte finalement en petite section.

Pour tenter d'oublier tous ces méandres, voire ce cauchemar, et continuer à entraîner ma petite sœur dans mon sillon, je décide de l'emmener en boîte de nuit avec mes copains. Dans ces endroits bondés aux décibels survoltés, nous arrivons à communiquer à distance, à parler, à lire sur les lèvres, à nous comprendre, à la stupéfaction de tous. On parle, on échange, on explose de rire alors que personne ne s'entend ni ne se voit à travers l'épaisse fumée qui envahit la discothèque. Pour nous c'est normal, pour tous, c'est de la magie. Articuler exagérément en frisant le ridicule pour que l'autre comprenne quitte à se faire plagier par tous les copains, à se mettre en danger en public.

Lorsque au quotidien on partage, qu'on travaille sur soi ou sur les autres, on ne mesure pas bien les progrès. Là, il ne s'agit même pas de progrès ; au milieu de la foule, sans nous en rendre compte, nous marquons nos différences, nous nous faisons remarquer malgré nous par notre connivence…

C'est nous, simplement nous. Elle et moi, sans surdité, sans tache sur le nez, nous, dans notre monde à nous.

Lutter pour que notre différence fasse la différence

La découverte de l'univers de ma sœur, celui du silence, me remet les pendules à l'heure. Avant elle, je vivais avec le mot injustice, le *Pourquoi moi ?* gravé sur le nez. J'ai soudain aujourd'hui d'autres priorités.

Dans le même temps, curieusement, je ressens le besoin d'une énergie extérieure, d'une main tendue. Il m'arrive même d'être complètement perdu. Je trouve refuge dans la religion en allant voir le curé de L'Union, non loin de la maison. Il me prête d'ailleurs une oreille attentive en me parlant avec humour d'amour et de partage. Ça me va bien, très bien, jusqu'à ce qu'il parte lui-même des années plus tard avec une femme, et que je réalise ce qu'il entendait vraiment par les mots amour et partage. Au fond il me parlait de Dieu mais surtout d'Amour, le vrai, avec un grand A, cet homme que je comprenais tellement.

Mais mes frères, revenons à… ma sœur.

Parfois c'est dur, décourageant, de ne pas arriver à se faire comprendre. Mais si l'on tient bon quand la barre est haute, la récompense est encore plus belle. Bien au-delà de ce que l'on attend, de ce que l'on entend.

Petit aparté qui me fait toujours autant rigoler et que je me dois de partager.

Nous sommes le 2 novembre, jour de mon anniversaire : grande fête à la maison !

le son déporté... le son des portées

Le rituel familial : tous un instrument à la main, sous les doigts, entre les jambes, à la bouche... Devant tous mes copains gros bœuf sur *Il tape sur des bambous* de Philippe Lavil. C'est le grand succès du moment qui, en deux minutes, va entrer dans la légende. Pendant que je jazze au pipeau, mon père et mon frère font un quatre-mains au piano...

Les mains de ma mère sur le tam-tam, les mains des copains sur les tambourins, les mains des copines des copains sur les ustensiles de cuisine, tapant sur des casseroles, et ma petite sœur, splendide, chantant comme la plus grosse de la batterie… de casseroles bien sûr !

Un genre de solo archi-faux, interprété avec un tel brio, une telle énergie, une telle empathie ! Un lâcher-prise comme jamais, un « je ne retiens rien mais je lâche tout » qui fait d'elle la star de la soirée.

C'est dans ces moments que nous sommes vraiment heureux. Heureux de partager un instant unique, certes, mais surtout fiers de voir, sous les yeux de toute la famille réunie, des copains, des amis, le début d'une victoire commune, un élan non maîtrisé, synonyme du sans souci du qu'en-dira-t-on.

Plus je me mets à l'écoute de Marie-Laure et plus j'en sors grandi. C'est là que je me rends compte que tout ce que tu donnes de toi, on te le rend au centuple. Ça a l'air totalement ridicule à dire comme ça, mais là, ça se confirme.

Marie-Laure ne se doute même pas du nombre de situations qu'elle m'a permis de créer, de perfectionner, de développer… Travailler pour atteindre un but, comme j'essayais, avec toute ma famille, de l'insérer dans la société…

Peut-être que c'est aussi grâce à notre pugnacité familiale, à ce grand saut dans le vide au quotidien, cet entêtement collégial, que Marie-Laure se mariera avec un homme charmant, sourd également, deviendra maman de trois beaux enfants, entendants, et exercera le métier de prothésiste dentaire…

Le négatif peut toujours se transformer en positif… Finalement tout est question d'amour et de volonté.

– 3 –

JOUER AVEC LES MOTS POUR SE JOUER DES MAUX

Petit, si on m'avait demandé « Qu'est-ce que tu veux faire quand tu seras grand ? », j'aurais répondu sans hésiter : « Ben en fait, j'aimerais bien être grand. »

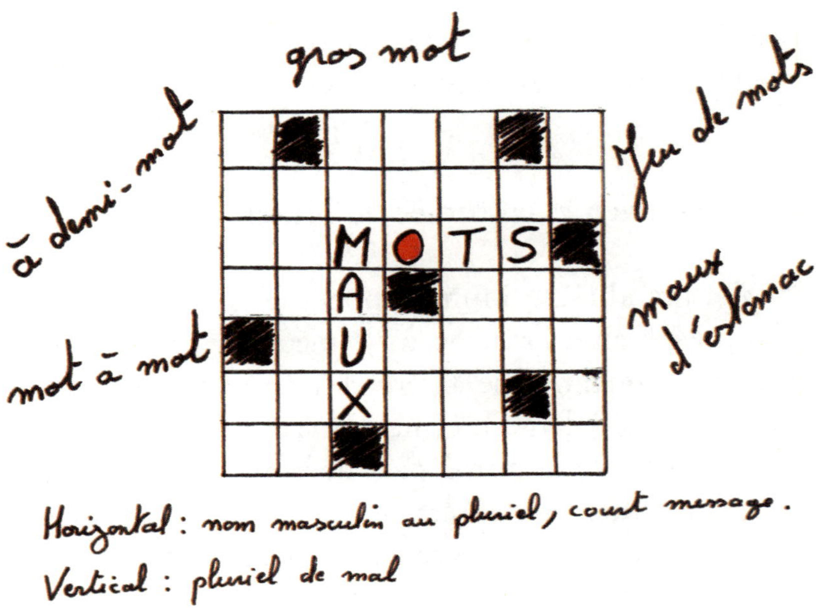

J'ai treize ans, je pars trois semaines en vacances d'été chez ma grand-mère paternelle Mutti, à Košice en Tchécoslovaquie. Des années plus tôt, en 1939, mon père avait fait le chemin inverse… Il était parti voir son père en France, mais ses vacances avaient viré au cauchemar car il n'avait jamais eu la chance de revenir. La guerre venait d'éclater. Il avait six ans… Il ne verra plus sa mère pendant près de vingt ans, bloquée derrière la frontière, derrière le rideau de fer. Il n'était pas français et son pays de naissance ne le voulait plus. Vingt longues années pendant lesquelles son passeport d'« apatride » le condamnera lui aussi à ne pas pouvoir rentrer dans son pays.

Même si la vie, même si la guerre ont éloigné mon père si longtemps de sa mère, il a toujours gardé des liens étroits avec sa famille. On n'oublie pas ses racines ; tout comme le lierre, elles s'accrochent.

Les souvenirs en fumée de Mutti

Ma grand-mère Mutti s'appelle Valeria, c'est une femme élégante, hautaine, majestueuse, avec un franc-parler étonnant. Une figure des années 1950 avec ses lunettes à large monture noire en bakélite, ses jupes en jersey imprimé pied-de-poule, ses cheveux blanc argenté, sa voix éraillée, sa toux grasse et ses doigts jaunis par les cigarettes… Elle en fume quatre paquets par jour, les allumant l'une derrière l'autre avec celle qu'elle vient de terminer. Des cigarettes de

Mutti

la marque Mars, du tabac brun comme les Gauloises, qui remplissent les cendriers à une allure vertigineuse.

J'adore ces instants enfumés partagés avec elle dans son appartement de vingt mètres carrés. Des moments forts de complicité, des instants inattendus, parfois improbables avec la barrière de la langue, mais tellement riches du passé et du présent, à vivre sans modération.

Toujours sur le vieux piano, ses boîtes à chaussures où se trouvaient empilés, bien gardés, ses photos et ses souvenirs. Des images « *couloureuses* » comme elle me disait en sortant un à un ses clichés de vie, en noir et blanc.

– Tu vois, du dehors, c'est un peu jauni mais à l'intérieur, c'est rempli de couleurs extraordinaires…

« *Couloureuses* » : terme employé par ma grand-mère, à mi-chemin entre colorées et heureuses…

Image après image je voyage à ses côtés, traversant les séquences de sa vie : insoutenables moments suspendus, une larme perle sous ses lunettes à gros rebord noir, puis roule sur sa joue amaigrie. Elle s'arrête longuement sur les photos de mon père, puis continue. Elle remonte toutes les étapes de sa vie, avec leurs accélérations occultant les décélérations et les échecs pour éviter de ressasser les souvenirs douloureux qui n'auraient plus du tout rimé avec couloureux : « Tu vois il y a eu des réussites, des malheurs, du "catastrophal" comme du "phénoménal", des séparations, des déchirures, mais au final, nous avons toujours gardé et respecté le "familial". »

Amoncellement de souvenirs, mais Mutti avait toujours, au final, le bon mot.

– Malgré toute la carrière que tu pourras avoir, au bout du compte, tu verras, il ne restera qu'une seule chose : la famille que tu as, celle que tu te créeras. Cultive tout ce qu'il y a en toi, travaille ton jardin d'amour, mais surtout, fais attention à ceux que tu aimes.

Nostalgique et curieuse de la culture française qui lui rappelle que son fils a grandi de l'autre côté du rideau de fer, elle me demande souvent de lui jouer *Les Feuilles mortes* sur son piano qui sonne faux et qui résonne comme les vieilles orgues de Barbarie dans les fêtes foraines. C'est un mois d'août apaisant avec Mutti. Nous le passons à regarder les films de Louis de Funès, à écouter les disques d'Édith Piaf, à dévorer ses tartines de pain de mie grillées avec le beurre qui fond sur la tranche, et surtout du miel parce que le miel, c'est bon pour la santé !

Je pense que je n'oublierai jamais ses koukouroutss, ces poupées de maïs plongées treize minutes dans l'eau bouillante à déguster à la croque-au-sel, et son goulasch, mariné pendant des heures, qui laissait une magnifique odeur de fumé sur les vêtements…

Nous parlons beaucoup. J'ai soif de savoir. L'histoire de la famille, ses ressentis, la vie qui était la sienne et celle de mon père quand elle a été obligée de se séparer de lui à cause de la guerre : c'était son fils, un petit garçon de six ans !

L'histoire de mon père, je la connais par bribes, celles que Mutti me raconte, celles qu'il m'a laissé entrevoir. C'est son intimité… Ce que je n'ai pas voulu savoir, ce qu'il ne peut pas dire. Je me suis fait mon imaginaire. Son histoire, la vraie, il ne la racontera certainement jamais.

Avant que je ne retourne en France, Mutti me fait découvrir Jean Ferrat : *Nuit et Brouillard.*

> « *Ils étaient vingt et cent, ils étaient des milliers*
> *Nus et maigres, tremblants,*
> *dans ces wagons plombés*
> *Qui déchiraient la nuit de leurs ongles battants*
> *Ils étaient des milliers, ils étaient vingt et cent.* »

Je suis ado, et le flot des paroles me révolte, me fait prendre conscience de la violence.

Mon grand-père traqué par les nazis, dénoncé par sa deuxième femme, ma grand-mère traumatisée par la guerre, mon père bringuebalé de pensionnat en pensionnat jusqu'à la fin de son adolescence, et moi qui essaie de me construire, de me démarquer avec ma marque de fabrique sur le nez, estampillée comme un label rouge…

Au côté de Mutti, je voudrais que ces moments ne s'arrêtent pas.

Entre rires et larmes, *Hibernatus* à la télé sous-titré en tchécoslovaque, les photos de mon père, enfant, juste avant son non-retour auprès de sa mère. Le rire, prétexte pour faire passer des messages, des émotions ? Pourtant il va falloir que l'on se sépare avec Mutti, je dois bientôt regagner la France pour la rentrée des classes.

Mon inconscient, mon corps a-t-il trouvé une parade pour retarder l'échéance ? Là, je fais fort : la veille de mon départ pour Toulouse, crise d'appendicite aiguë… Direction l'hôpital central de Košice.

Heureusement pour moi, la famille du côté de mon père, que des grands médecins ! En moins de temps qu'il ne faut pour griller une tranche de pain de mie, je me retrouve sous les sunlights des lampes du bloc opératoire, nu comme un ver, face à des infirmières en blouse courte et avec des poils de cinq centimètres sur les jambes. Elles me parlent dans une langue dont je ne comprends même pas l'éternuement. L'une d'entre elles tente bien quelques mots en français pour me faire plaisir : « Qu'il est mignon, le pauvre ! » Et là… Elle m'achève. C'est reparti… Comme avec les amies de ma mère des années plus tôt, parlant de ma tache quand je revenais de l'hôpital.

Puis mon oncle Yano se penche vers moi.

– Je suis désolé Jean-Luc, il va falloir couper cheveux…

L'horreur ! Moi qui me les laisse pousser depuis le début des vacances, moi qui suis en pleine révolution intérieure du haut de mon adolescence !

Je m'voyais déjà fin août, crinière au vent, tel Mike Brant ou Claude François les idoles du moment, avec mes amis sur les autos tamponneuses de la traditionnelle fête annuelle de L'Union sur la route nationale 88.

Le mythe s'effondre. Encore une nouvelle injustice ! Mais pourquoi faut-il me couper les cheveux alors que c'est du ventre que je souffre ? La jolie infirmière à fourrure soulève la couverture sous laquelle je me sens un poil ému. Elle me regarde avec ce dévastateur petit sourire slave, et coupe mes premiers cheveux… du bas du ventre !

Je mets quelques secondes à comprendre la méprise, due au français approximatif de mon oncle. Impossible de ne pas exploser de rire sous le drap blanc tandis qu'il me rappelle à l'ordre avec son accent multinational :

– Jean-Luc, pas rire, toi devoir dormir !

Deux longues heures pour que l'anesthésie fasse son effet… Le corps médical m'inflige une dose de cheval pour endormir l'ado que je suis. En attendant, je fais rire tout le monde avec les trois mots d'anglais que je connais, pour tenter d'expliquer le quiproquo dont je suis victime.

– It is my premiers poils !

Dans cet hôpital où personne ne parle ma langue, je viens de réaliser que je peux faire rire en étranger… Je m'étonne tout seul et repense à ces trois semaines passées à amuser toute ma famille slovaque. Mes mimiques, mes onomatopées, ma gestuelle dans les rues tristes et maussades de ce pays toujours pas reconstruit… Je suis les gens en les imitant, je déclenche le rire, comme un clown avec son nez rouge. Tous se sentent bien, moi le premier.

Rire pour oublier, faire rire pour faire oublier

Je viens peut-être sans le savoir de trouver une échappatoire à ma tache, mon attache, qui pourrait bien me servir d'arme et de bouclier. Une bouée de sauvetage que je pourrais enfiler quand je veux, où je veux, que je pourrais utiliser à tout instant, en cas de danger, en cas de conflit…

Le rire… Faire rire. Rassembler pour mieux partager. Grandir, grandir ensemble, et ne pas rester con à tout jamais avec une tache sur le pif qui se voit comme le nez au milieu de la figure.

Faire rire les autres, rire avec eux, ne jamais rire d'eux. Se moquer est si facile, j'en sais quelque chose…

Faire rire en restant gentil, en fait, c'est un truc de funambule. On est tout le temps sur un fil. Trouver la juste limite, celle qu'il ne faut pas dépasser, la fameuse frontière *borderline*. Arriver à trouver le bon dosage pour ne pas passer de l'autre côté. Doser, savoir doser.

C'est peut-être sur cette voie, par cette voix, que je trouverai mon équilibre, que je prendrai mon envol et que je n'entendrai plus « Oh, qu'il est mignon avec sa tache… Le pauvre ! »

Adolescent, j'imite déjà mon proviseur à l'école, pastichant Daniel Guichard, dans son « vieux pardessus râpé ». Puis viennent les Giscard, Georges Marchais, Jacques Chaban-Delmas… Je me rends compte en fait que j'imite les imitateurs. Je me prends pour Thierry Le Luron, je m'essaie à emprunter la voix des autres pour dire tout haut ce que les gens pensent tout bas. Tout en racontant des histoires, je fais passer des messages. Les gens rient, les filles me sourient.

J'aime jongler avec les mots, en inventer. Je découvre l'improvisation de l'instant. Plus les gens réagissent, plus j'ai envie de les faire rire mais surtout, mieux je me sens. Ça me procure une dose d'adrénaline que je n'imaginais même pas… Je me découvre, et même si je me fais réprimander de plus en plus souvent sur les bancs de la classe, j'existe, mais j'existe différemment.

Peut-être ai-je été à bonne école petit, en écoutant mes deux oncles René et Guy. Avec eux, batailles d'histoires drôles et jeux de mots à plein temps. Avec Guy, il devient même insupportable de discuter. Je lui demande :

– Quoi de neuf ?

Il me répond :

– Oh… La moitié de dix-huit !

– Pardon ?

– Le quart de trente-six.

– Quoi de neuf alors ? *Je m'impatiente.*

– Bah le pont. Le Pont-Neuf ! Hein… Oui ou non ?

Là, même ado la fleur aux dents, tu te dis… C'est compliqué !

Mon oncle René, lui, c'est *Brèves de comptoir*. Chacun son truc…

*
* *

Le bac en poche, je dois désormais démontrer à mon père que je prends la bonne direction même si ce n'est pas celle qu'il espère. Pour lui faire plaisir j'essaie Sup de Co, je fais un stage chez NCR France à l'époque des premières caisses enregistreuses et autres codes-barres reliés à des terminaux informatiques. J'y suis même assez bien noté : quatorze sur vingt. Mais au lieu d'aller soutenir mon oral, l'occasion m'est donnée de partir travailler en Tunisie.

Ayant soif de découvertes, de voyages, ni une ni deux j'achète mon billet et je décolle dans la foulée en saltimbanque tous terrains : moniteur de voile, guide accompagnateur, super DJ… J'adooore ! La fête, les horaires décalés, la liberté en travaillant vingt-cinq heures par jour, le tout sans être payé… Histoire de fou !

Le costume-cravate, la chemise et le bureau, je ne le sens plus du tout mais de chez du tout, et je me sens de mieux en mieux le soir, en costume de clown dans le « Barnum ».

Gamin, ne m'appelait-on pas « Commandant Cousteau » ? Pourquoi ? « Parce que toi aussi, Jean-Luc, t'as un beau nez rouge. » Poin poin poin poin poin poin…

Ça n'est certainement pas facile pour mon père d'accepter mon choix, mais mon histoire à moi, c'est en racontant des histoires, en partageant des instants, des émotions, tous types d'émotions que je décide de la vivre.

La saison se terminant, mon périple tunisien tire à sa fin et Ali, le responsable du lieu qui a pris ses fonctions en milieu de saison, débarque à 7 heures du matin au club de voile où je me trouve pour sortir les bateaux.

– Bonjour, il paraît qu'il y a une personne ici qui n'est pas payée depuis le début de la saison, vous êtes au courant ?

Tous se retournent les uns vers les autres, restent bouche bée, et dans un silence absolu Ali lance :

– Jean-Luc, je t'attends dans mon bureau quand les bateaux seront mis à l'eau !

Effectivement, personne ne savait autour de moi que je n'étais pas rémunéré…

Comment dire, comment décrire ce sentiment de solitude empli d'un immense bonheur que m'a offert Ali en me rétribuant depuis le premier jour de mon arrivée ? C'est un geste qui restera gravé à jamais dans ma tête et qui me fera toujours penser que le travail et la générosité sont plus forts que tout.

J'ai vingt et un ans et après la Tunisie, ayant toujours cette soif de voyages, de découvertes, j'enchaîne direct avec l'Andalousie comme guide accompagnateur et deviens incollable sur les arènes de Séville, de Ronda, en passant par Grenade, Madrid et le musée du Prado… Chaque nuit, j'apprends consciencieusement tous les guides possibles et imaginables, afin de les raconter au mieux le lendemain dans les bus et sur les sites. Certes à ma manière, mais toujours avec le sourire, même si la fatigue commence sérieusement à me gagner. De vingt-cinq heures par jour de travail je passe à vingt-six et là, ô joie, en plus, je suis payé dès le début !

Après avoir sillonné la péninsule Ibérique de fond en comble pendant neuf mois, je décide de rentrer à Toulouse pour rejoindre ma petite amie Chantal dans l'espoir de folles retrouvailles, mais là c'est le drame !

Elle ne m'a pas du tout, mais du tout attendu et sa mère m'annonce même avec un grand sourire qu'elle vient d'épouser… un parachutiste !

Tremblement de terre dans ma vie. On ne rit plus. Je suis parti avec elle dans mes valises, chaque soir à savourer sa photo sur ma table de chevet, même si parfois, le cadre glissait dans le tiroir… Quatre ans que nous étions ensemble et certes on ne s'était rien promis, mais de là à se marier en neuf mois avec un para !

J'étais sûr de moi, amoureux, léger, me disant que l'amour était et serait plus fort que tout, et je me prends une claque plus grosse que celle que j'ai reçue à l'âge de treize ans de mon père, parce que j'avais mal répondu à ma mère.

J'avais largué les amarres ailleurs et là, je venais de me faire larguer tout court. Quel con ! Comment ai-je pu penser un instant que Chantal allait m'attendre pendant tout ce temps ?

Atterrissage forcé, je reprends durement contact avec la Terre, avec la vraie vie. Maintenant, je vais devoir assumer le fait d'être parti pendant quasiment deux saisons, et trouver un boulot à Toulouse, repartir de zéro sans avoir aucun réseau… N'étant pas assez fortuné pour prendre un appartement, ayant bien trop de fierté et d'amour-propre pour demander quoi que ce soit à qui que ce soit.

– 4 –

ET SI ON JOUAIT À DEVENIR GRAND ?

Avant d'entrer dans la vie active, avant d'être un homme, un vrai, un seul objectif ! Se forger ZE personnalité, surtout quand on est, comme moi, ce vrai genre d'adolescent poil aux dents (le genre Mdr Ptdr J LOL !!!).

Retour-flash-back-souvenirs sur mes quatorze ans où je ressens très vite le besoin de m'extérioriser, de m'affirmer, de déplacer les lignes, de dépasser les limites en cette période où tout pousse chez moi : le poil mi-dru, la voix qui mue, l'aisselle qui sue, la personnalité qui tue, et le ch'veu qui pue… la clope !

Comment arriver, quand on est ado avec en cadeau Bonux dans le baril un nez rouge, à échapper à ce lourd quotidien, mais surtout comment parvenir à estampiller cette différence pour tenter d'en faire ma référence ?

Quand on est jeune, il est vrai qu'avec ou sans différence, on est différent. Quand on est ado, tout est différent. C'est notre différence qui va faire la différence mais ça, on ne le sait pas puisqu'on est ado…

On n'aime pas qu'on nous regarde mais on regarde tout le monde, on ne veut pas ressembler à tout le monde mais on se ressemble tous… On n'a pas envie, on n'aime pas la vie. On n'a pas soif mais on boit, on n'a pas faim mais on mange, tout le temps. Oui on a faim, faim de tout faim de rien, on sait tout on ne sait rien. En fait, on ne sait pas pourquoi on sait tout, mais on sait tout… Et pis c'est tout !

Comble du concombre, on s'en fout et on se fout de tout ! D'ailleurs, on n'aime pas le concombre ni les épinards et on ne sait pas pourquoi non plus.

La meilleure façon de pousser les portes, vaincre sa pudeur et sa timidité, se découvrir sans se préserver et arriver à s'évader de cette tache quotidienne ? Tenter de s'équilibrer. Vivre sa vie, ses envies, s'exprimer en se forgeant le mental, et pourquoi pas affirmer sa vraie personnalité…

La soluss Luce ? Le SPORT bien ssûûûûr !

Le sourire, le rire ne suffisant pas à faire oublier mes soucis d'ado entaché, je sens rapidement pousser mes jambes pattes d'èph et ma personnalité col pelle à tarte. C'est en cette période de « ben, j'en sais rien moi… » que je demande à mes parents, histoire d'essayer de canaliser un peu le tout, de m'inscrire avec mon frère au karaté.

« WOUAAHH ! » Le shotokan ryu, art martial japonais, origine du karaté… Bruno, mon frère, arrêtera très rapidement, trouvant l'exercice bien trop violent, avec beaucoup trop de « complètement frappés » sur tatami. Mais surtout très rébarbatif, le karaté, pour le stylé baba cool fou de musique qu'il était, et grand musicien qu'il est devenu.

Personnellement mon unique souhait : devenir « Jean-Bruce-Luc Lee ». Essayer de se forger un mental… Mieux ! Se connaître, se comparer, être enfin bien dans sa tête et, grâce au sport pourquoi pas, enfin bien dans son corps et tant qu'à faire, bien dans son slip.

Le « Petit Dragon Bruce » explose au cinéma et comme tous les ados, je suis subjugué par cet elasticman qui bondit en hurlant à gorge déployée des « Hiiiiaaaaa !!! » totalement électrisants. Tel un chat volant, il s'élance dans les airs, mi-mutant mi-homme, mi-miaulant mi-hurlant, mi-habillé mi-nu, mais surtout invincible dans tout combat de rue à mains nues.

Mon assurance, ma personnalité pourront peut-être enfin s'exprimer si je suis l'exemple de mon prof Lilian, ceinture noire devenu champion de France de karaté contact…

J'ai quatorze ans et j'aime bien ce gars de vingt ans plein de vie et d'envie, plein d'énergie, qui me parle de moi (sujet favori de l'ado de base), sans en faire trop. Il occulte totalement mon angiome que les autres pointaient du doigt, me parle de ma souplesse chewing-gumesque, d'adaptabilité face à l'adversaire, de rapidité de déplacement, de ce qu'on va faire, de tout ce qu'on va travailler, bref il me parle d'avenir et non de passé.

S'amuser ensemble et partager, dans le seul but de grandir, pour finalement tout en muant… mûrir.

En fait, après réflexion, quand je serai grand, je serai Bruce Lee… Ou John-Luc Travolta… Ou un mix, « John-Bruce-Luc Travolta-Lee » !

Quand je danse au rythme des lumières tamisées sur les dancefloors Rubik's-clubisés, ma tache dans la pénombre devient totalement invisible, et là je me mets à tout oublier.

Étant encore trop jeune pour quelque évasion nocturne que ce soit, comme tous les ados, je vais au Blue Moon, la discothèque locale du samedi après-midi. Je danse devant les potos (les copains), mais surtout devant les poteaux (les piliers) ! Ces bons vieux poteaux avec leurs losanges-miroirs glacés dans lesquels je pouvais m'entrapercevoir et déguster à souhait, au rythme de mon déhanché, le reflet de cette splendide musculature naissante. Je joue du biceps, m'allonge du triceps, gonfle du pec. Je travaille maintenant deux à trois fois par semaine au dojo avec Lilian ; je me regarde pousser le muscle, j'évolue au rythme de mon corps, j'apprends à me contrôler, à réduire mes mouvements dans les airs afin d'être plus précis et plus efficace devant la glace. Le rendu est optimal devant les copains, et progressivement devant les copines qui elles aussi se transforment et deviennent de plus en plus, à mes yeux d'ado… des femmes.

Au karaté, le kimono blanc nous met tous sur un pied d'égalité. Je sue, je m'accroche dans le seul but de faire gagner des couleurs à ma ceinture. Pour participer aux combats, je dois avant tout intégrer la technique et ça… ça m'ennuie profondément. Refaire les mêmes gestes, les mêmes katas pendant des heures ne m'enchante pas du tout du tout du tout, pourtant je m'y astreins par respect pour le prof, pour la hiérarchie, histoire de passer aux grades supérieurs sans brûler les étapes. Ceinture jaune, orange, VERTE !

Au fil des entraînements, je prends conscience de la souplesse de mon corps. Réaliser le grand écart facial devient très vite un jeu d'enfant. J'augmente chaque fois la difficulté. Ainsi, je demande à deux de mes camarades de tatami de se placer respectivement à ma gauche et à ma droite, de me prendre chacun un pied, et en plein grand écart facial, de me soulever dans les airs… Comme Bruce tout-puissant !

C'est ainsi qu'à quatorze ans et demi, je m'attache à devenir « John-Bruce-Luc Lee » ! Cela ne m'empêchant absolument pas d'en prendre plein la tête sur le tatami avec Lilian.

Juste avant le championnat régional de Lourdes (rien à voir avec les jeux Olympiques de Londres), mon entraîneur-coach annonce devant toute l'équipe :

– Jean-Luc est maintenant prêt, il sera notre nouveau capitaine !

Moi, capitaine d'équipe pour la première fois ? La sublime fierté, l'honneur extrême, sentiment de plaisir mêlé à celui d'être tout à coup investi d'une mission. Je suis devenu le Petit Scarabée qui vole de ses propres ailes, oui parfaitement, celui-là même, dans *Kung Fu* avec David Carradine ! En somme, je suis promu porte-drapeau de l'équipe de France mondiale… de mon club local !

Dimanche matin… Nous parcourons les deux cents kilomètres qui séparent Toulouse de Lourdes, sans autoroute, d'une seule traite. Étant un tantinet sujet au mal des transports depuis ma plus tendre enfance, j'arrive patraque mais gonflé à bloc, remonté comme un coucou suisse, tendu comme un string, prêt à motiver les troupes, à brandir la coupe : « Allez les mecs, on y va… WAZZZAAAA ! »

Premier combat, le capitaine attaque. En fait… J'attaque ! Je dois donner l'exemple. Mais voilà… les trois heures de virages ont eu raison de ma défense : mon adversaire lourdais me prend à froid, en mae geri droit au plexus, et je tombe raide comme une merde sur tatami. Si si, comme je vous le dis… Ippon kumité après cinq secondes de combat, fin de l'histoire, un suppo et au lit !

Le comble du comble pour le tout jeune promu capitaine que je suis… Me faire lourder à Lourdes en moins de cinq secondes ! Moment de solitude incomparable, immense vide sidéral intérieur… Gros ridicule devant les copains, et la défaite comme seul trophée. Je deviens bleu, vert comme ma ceinture.

Envie de vomir, de tout péter, d'être invisible. L'enseignement à en tirer si j'en suis capable, c'est que la défaite tout comme la victoire fait partie du combat, on apprend des deux, mais il est vrai que ça fait bien plus souffrir quand tu perds que cela n'apporte de plaisir quand tu gagnes…

Mes efforts seront récompensés quelques années plus tard lorsque je monterai deux saisons d'affilée à Paris au stade Coubertin avec ma Dyane 6 pour les championnats de France de karaté. À dix-neuf ans, ceinture bleue, j'affronte des ceintures marron, noires, et je gagne… La consécration d'arriver en finale de tableau !

Avec le karaté que je pratiquerai pendant dix ans, à force de toujours vouloir aller au-delà de mes capacités, étrangement je sens que je me renferme. Le besoin de me dépasser tourne à l'obsession, me rend dingue. Ayant toujours cette énergie débordante non rassasiée, en parallèle des tatamis, je me mets à tâter du gazon et essayer de la jouer collectif. Faire partie d'une équipe et en être membre à part entière, pourquoi pas ?

J'essaie le foot mais je trouve très rapidement que l'on y pratique beaucoup trop le culte de la performance individuelle. Les joueurs montrent leurs ego en montant sur leurs ergots, tout comme ces petits coqs tatoués sur leurs maillots. « T'as vu c'est moi qui ai marqué ! » assènent-ils avec un orgueil non dissimulé. « Oui d'accord, mais c'est quand même moi qui t'ai fait la passe, non ? »

Pour éviter ce genre de conflit à deux francs cinquante, je me replie dans les cages et même si je suis un piètre gardien de but, je rentre couvert de boue, avec très souvent la marque des crampons sur les mollets !

Chez les Jésuites à l'école Saint-Joseph pas le choix, à Toulouse ça fait partie de la culture, je me mets à la soule, l'ancêtre du rugby.

La soule, en fait… C'est « Koh-Lanta » ! L'équipe des Rouges contre l'équipe des Jaunes, avec au milieu ce morceau de cuir à faire passer derrière une ligne fictive. Tous les coups sont permis… Les matchs sont acharnés. Balafres et cicatrices s'accumulent sur la peau, me faisant même oublier ma marque de fabrique violacée sur le nez, au grand dam de ma mère que je tente de rassurer.

– La soule qu'est-ce que c'est ?

– T'inquiète pas maman, c'est un jeu viril, mais correct.

Elle :

– Viril certainement, mais correct, Jean-Luc, permets-moi d'en douter… Ça va pas être possible ! Tu as vu dans quel état tu reviens ?

Au final, je dériverai sur le handball qui me permettra à la fois de découvrir le goût pour la compétition et la joie de partager au sec, avec de vrais copains qui laissent au vestiaire leur ego. Et même si ça sent le gymnase jusque sous la douche, au moins, on ne rentre pas crado. Très rapidement, je deviens pivot, ailier mais surtout mascotte de l'équipe ! Je fais rire tout le monde dans le bus… Que l'on gagne ou que l'on perde, avec les copains c'est toujours la joie du : « À plus dans l'bus ! »

Pourtant c'est réellement le rugby qui va me donner la notion des fondamentaux, me révéler l'importance de la vie d'équipe, et conforter les valeurs qui sont devenues celles que j'aime.

« Il est beau ce ballon, qu'est-ce que tu en fais ? »

– Qu'est-ce que le rugby, Jean-Luc ? me demandera bien plus tard Jo Maso, ancien joueur de l'équipe de France reconverti en ami.

Je reste muet, il se lance.

– Hé bé… Le ballon, ton copain te le passe pendant le match ; il est beau ce ballon, il s'est cassé le cul pour te le donner ce ballon. Et toi, tu en fais quoi du ballon ?

– Euh ben…

– Hé bé, tu le prends et tu le mirifies ! Parce que quand tu vas le passer à ton tour à ton collègue pendant le match, il faut qu'il soit encore plus beau que lorsqu'on te l'a donné !

C'est la méthode que je tenterai de mettre en œuvre bien plus tard à la télé avec les invités, qu'ils soient petits, grands, adultes ou enfants.

– Bonjour, je m'appelle Jean-Michel, je suis plombier.

– Mais non, ce n'est pas possible ? Vous êtes le plombier ? Mesdames et messieurs, le plombier que l'on attend tant ! Jean-Michel le plombier est chez nous !

À mes yeux, chaque personne est importante, intéressante, sans distinction aucune. Dans chaque personne il y a des idées, à prendre ou à laisser.

Plombier, médecin, pilote de chasse ou représentant en clim' et pompes à chaleur… J'aime découvrir des univers qui ne sont pas les miens, des personnalités que je n'aurais même pas soupçonnées si je n'avais pas pris le temps de les écouter.

À la question d'une journaliste qui me demandait si ce n'était pas trop usant, après toutes ces années, de poser sans cesse les mêmes questions aux gens, j'ai répondu :

– À la télé, c'est comme sur un terrain de sport, je ne m'use pas, je m'amuse !

*

* *

Le sport a en partie fait de moi ce que je suis, il a toujours été présent en filigrane dans ma vie. Le hasard fera que j'aurai la chance de croiser de grands coachs.

Je me suis toujours senti très proche de ces hommes sérieux qui ne se prennent pas au sérieux. Leurs conseils, les échanges avec eux me sont on ne peut plus précieux.

Souvenirs, souvenirs… 2007. Je tente de monter une émission événementielle en vue de la coupe du monde de rugby, « Attention à la marche spéciale rugby » ! Ça le fait, non ? Les gains acquis iront directement au bénéfice d'une association venant en aide à des enfants malades.

Je donne à la programmatrice une liste de quinze joueurs de rugby à contacter afin de leur demander d'être les invités exceptionnels de ce jour. Je lui parle, sans trop y croire, de Bernard Laporte, sélectionneur de l'équipe de France.

Elle les appelle tous les uns après les autres, sans succès…

Tous, sauf… Bernard Laporte qui accepte instantanément l'invitation, à mon plus grand étonnement. Cependant il nous faut huit candidats et nous n'en avons qu'un !

Tous parlent d'annuler l'émission, mais je n'en démords pas, elle doit avoir lieu coûte que coûte pour venir en aide aux enfants, et aussi parce que Bernard Laporte nous fait l'honneur de sa présence. Je demande alors à la programmatrice de rappeler sur-le-champ tous les joueurs dont on a essuyé le refus, en les informant que le coach nous a donné son aval… Ce qui me vaut de la part de ma collègue programmatrice un « Pfffff !… » qui se termine très rapidement en un claquement de… *la porte* !

Deux heures plus tard, elle revient, bien plus détendue, sourire aux lèvres en clamant fièrement : « Ils ont tous dit Ouiiii Jean-Luc ! » Ô petit miracle !… Comme par enchantement.

Jour J… de l'enregistrement.

Je salue avec un plaisir non dissimulé Bernard Laporte.

– Bonjour ! On ne se connaît pas mais nous sommes voisins : j'habite Montastruc-la-Conseillère, et vous, vous êtes né à Gaillac... Nous sommes tous deux de la route nationale 88, Sud-Ouest, France, monde !

Il sourit.

– Oui je sais.

– Je n'en reviens toujours pas que vous soyez là !

– Moi non plus. Une émission de télé, de jeux, en plus... Quand mêêêême ! (Eh oui, avé l'asssent, ça fait « quand mêêêême ».)

Je le prends à part.

– Je peux vous demander, juste entre vous et moi, pourquoi vous avez dit oui à mon émission alors que vous refusez toutes les autres ?

Il marque un temps, me regarde droit dans les yeux, et débite ses mots à la vitesse de la lumière.

– Je suis là, minot, parce qu'un jour, alors que j'étais à l'autre bout de la Terre, à des milliers de kilomètres de chez moi en tournée en Afrique du Sud avec l'équipe de France, j'ai reçu un coup de fil de ma grand-mère : « – Bernard, je te souhaite un bon anniversaire ! – Oh Mamie, mais c'est magnifique ! Tu t'en souviens ? – Oui, parce que Jean-Luc Reichmann l'a dit à la télé ! – Pardon Mamie ? Jean-Luc Reichmann, c'est qui ce mec ? »

Il marque un autre temps, respire intensément, et il ajoute en allant chercher encore plus profond dans mon regard :

– Et lorsque je vais voir ma grand-mère quelque temps plus tard, je m'aperçois qu'elle te regarde tous les jours... Toi, Jean-Luc, tu l'as accompagnée pendant des années tous les midis, et je la revois encore avec ce sourire qui n'appartenait qu'à elle, face à la télé...

L'émotion le prend à la gorge :

– Ma grand-mère, elle est morte quelques semaines plus tard. C'est pour ça que je suis là, minot.

J'en ai encore le frisson et les poils qui se dressent sur l'avant-bras quand j'y repense. Ce sera une émission magique.

Depuis, tout ce petit monde sportif m'accompagne dans la vie. Comme lorsque Bernard me lance :

– Oh minot, au rugby il faut pas être con. Bon, t'as le ballon. Putain, t'as le ballon, t'y vas, tu cours comme un malade et juste en face de toi, t'as une montagne... Énorme la montagne... Comme ça ! Genre Chabal, tu vois ? Le mec, il est face à toi. Qu'est-ce que tu fais avec le ballon ?

Et il me répète avec sa gouaille bernardienne :

– Qu'est-ce que tu fais minot... Avé le ballon ?

Il marque un temps d'arrêt, puis...

– Oh Jean-Jacques, évite-le, tu te feras moins mal !

Chaque fois j'essaie d'appliquer cette recette, si je n'arrive plus à trouver l'équilibre, la sérénité : « Évite-le tu te feras moins mal. » S'il y a un mur face à moi : « Évite-le, tu te feras moins mal ! » Pourtant, paradoxalement, le dicton dit : « C'est quand t'es au pied du mur que tu vois le mieux le mur. » Tu t'y attaques ou non. Mais surtout, ne laisse pas passer l'occasion. C'est comme dans les histoires d'amour. À certains moments tu te demandes : « Mais comment ai-je fait pour rater ça ? » On évite les problèmes au lieu de les affronter, on se rate au lieu de s'aimer, bref, on se fait mal pour rien.

Bernard est fou et j'adore les fous ! Surnommé Bernie le Dingue, c'est un fou, un fou gagnant mais pas si fou le Bilou ! Même si parfois il franchit la ligne, comme lorsqu'il a récolté treize semaines de suspension pour avoir dit que l'arbitre était une pipe et qu'il ne parlait pas avec les pipes ! C'est aussi ça que j'aime en lui, ce mélange de force irraisonnable avec ses trois étoiles successives de champion d'Europe sur le maillot, et ce contraste de fragilité déjantée ; ses défauts, et cette qualité majeure : il ne triche pas. Pas plus avec lui-même qu'avec ses équipes.

– Ils ne te feront pas un deuxième trou au cul, tu en as déjà un, Jean-Jacques ! (Eh oui, de Jean-Luc je passe à Jean-Jacques, à Jean-Marc, à Jean-Claude, en fonction de l'humeur du jour du Bernard.) Garde tes convictions, ton originalité, ta personnalité, c'est ce qui fait ta force. Reste qui tu es. Qui ils sont pour se mettre à ta place quand tu es derrière les caméras ? Qui ils sont pour te dire ce que tu as à ressentir ? Il n'y a que toi quand tu es sur le terrain, quand tu as le ballon. Qui peut savoir… À part toi ?

« Aucun de nous, en agissant seul, ne peut atteindre le succès. »
(Nelson Mandela.)

Qu'est-ce que je vais pouvoir te donner pour que tu sois plus fort et qu'ainsi, je sois encore plus fort ? Comment arriver à faire comprendre que mettre l'autre en valeur nous aide à briller…

Fan de sport, je me retrouve en 2008 aux jeux Olympiques de Pékin où j'ai la chance de rencontrer celui qui deviendra l'une de mes références : l'entraîneur de l'équipe de France de handball, Claude Onesta.

Nous nous apercevrons très rapidement qu'il est voisin de mes parents sur la RN 88. L'accent du terroir, ça ne pardonne pas.

– Hé ! On vous connaît sur la route d'Albi, alors vous venez demain matin au handball défendre la France ? me demande sa fille sur la Muraille de Chine.

Claude m'ouvrira les portes du vestiaire et me permettra de vivre cette ascension incroyable de l'équipe de France. Tellement heureux de partager cet instant inoubliable, je resterai jusqu'à la finale, dernier jour de la compétition, où nous devenons champions olympiques.

Le personnage que je découvre est un vrai meneur d'hommes, rassembleur, et à ses heures perdues vecteur de bonne humeur. Sa fine analyse de la complémentarité chez les êtres humains m'ouvre les yeux et me conforte dans l'idée que « sans l'autre je ne suis rien ».

La force de tous ces meneurs, ces entraîneurs qui se doivent d'être entraînants, c'est de simplifier la vie du groupe en synthétisant.

Claude Onesta venu me voir au théâtre me dira : « Sur les planches tu fais deux mi-temps de cinquante minutes sauf que toi, tu n'as pas de remplaçant. »

L'entraîneur fou de foot Élie Baup, lui, m'a dit un jour : « Tu sais mieux que personne qu'il faut toujours provoquer la réussite. Et toi, grâce à ça, depuis des années tu es sur orbite ! »

Leurs mots résonnent toujours très fort dans ma tête. Clarté des propos, lucidité de l'analyse, faculté de cerner les évidences comme des priorités. Le comportement humain y est décrypté, disséqué au scalpel.

Certes, nous évoluons dans des univers très différents, mais les liens que nous avons relèvent de l'authenticité et de la solidité. C'est auprès de ces personnalités du monde du sport que je persiste dans l'idée qu'il faut continuer à travailler et affermir sa force mentale.

Surtout ne jamais baisser les bras…
sauf si ça fait partie de la chorégraphie !

Dans une équipe, tous les éléments sont complémentaires, chacun à son poste.

Pour exemple, l'intelligence du coach de foot de l'équipe de Hollande en quart de finale de la Coupe du monde 2014 contre le Costa Rica, lorsqu'il fait entrer le gardien remplaçant au bout du bout des prolongations, juste après la cent dix-neuvième minute de jeu sur cent vingt. Lui seul prend la décision parce qu'il sait que le second portier est bon sur penalties. Non seulement il en arrête deux, mais comble du comble, il en met un ! Le coaching parfait, l'idée de génie : il change tout, et tout à coup il met le cochon dans le maïs et les mouches changent d'âne ! J'adooore.

Je suis également très admiratif de certains joueurs.

Mathieu Valbuena : un mètre soixante-sept. A littéralement explosé pendant la Coupe du monde 2014. Il a dû travailler depuis toujours, vingt fois plus que les autres. Je n'imagine même pas les moqueries qu'il a dû subir, la force qu'il a dû trouver pour avancer. Lui petit, moi avec ma tache. Lui le foot, moi la télé… Chacun trouve son exutoire, son moyen de s'exprimer. À chacun sa destinée…

Et puis il y a… Jonny… le sans H… Le Jonny Wilkinson ! Le talent à l'état pur.

J'aime Brassens qui dit : « Sans le travail, le talent n'est qu'une sale manie. »

J'aime aussi le proverbe : « La chance aide parfois, le travail toujours. »

Et enfin j'adore, comme dit Pierre Fornerod : « Il n'y a que dans le dictionnaire que le mot “réussite” arrive avant le mot “travail”. »

Ces deux pensées peuvent totalement s'adapter à Mr Wilkinson…

Il travaillait toujours, tous les jours, tout le temps. Le premier arrivé à l'entraînement, le dernier à en partir ; seul, face aux poteaux, des milliers de coups de pied, des milliers de ballons frappés.

En 2013 je prends une photo de lui avec mon portable, lorsqu'il perd la coupe de France de rugby avec Toulon. Il est triste, la tête et les yeux baissés, plein d'humidité, plein d'humilité.

En 2014 Toulon gagne contre Castres, Jonny sort vainqueur et termine sa carrière avec, à son actif, les titres de champion d'Europe et de champion de France. Pourtant sur les photos que mon téléphone prend de lui il a toujours ce même comportement humble, ce regard simple du jeune garçon qui a joué au ballon depuis tout petit, et qui a fait de son jeu sa passion, son métier, sa carrière internationale. Étonnant, déroutant, fantastique et pourtant, débordant de simplicité.

Jouer au jeu de la vie

Très régulièrement, j'aime faire le point : envisager l'étape suivante. Anticiper, se défendre, attaquer et repartir, ré-attaquer… Comme au Tour de France.

14 juillet 2014, le drame. Je suis invité sur l'étape, sur le bord de la route afin de regarder passer les coureurs. Aussi incroyable qu'insensé, Alberto Contador stoppe là, juste devant nous, sous nos yeux, la jambe en sang, le genou perforé. La solitude, la souffrance physique, le calvaire moral de l'homme qui a tout gagné, y compris les deux derniers Tours de France. Improbable ; dans une épreuve de cent soixante kilomètres, le favori stoppe pile à nos pieds en rase campagne !

Cinq minutes plus tard, la radio annoncera son abandon. J'ai encore la photo de l'accident gravée dans la tête et sur mon téléphone portable. Même le mieux préparé du monde, on n'est jamais à l'abri de l'accident. Il faudrait toujours avoir ça en tête ; ce sont ces images fortes qui vous font revenir en une fraction de seconde à la réalité.

Grâce aux vertus du sport, toujours essayer de prévoir le coup d'après et, dans tous les cas, s'y préparer. Une fois le coup d'envoi donné, le drapeau baissé, tu ne peux plus rien faire. Une fois le moteur en marche, c'est déjà terminé.

Agir, se placer dans l'inconfort permanent, se mettre sans cesse en danger plutôt que de rester sur ses acquis moelleusement assis.

En toute occasion, avoir un mental de sportif. Lorsqu'on décide de faire quelque chose, ne jamais rien lâcher. La pugnacité, c'est ce qui doit faire la longévité.

« On n'a jamais vu quelqu'un être aussi investi que toi… », me dit-on souvent. Je réfléchis longtemps avant de dire oui, mais une fois ma décision prise, j'aime aller jusqu'au bout de mon engagement, j'essaie de tout donner en laissant libre cours à la folie. Certes, comme Contador on peut se planter, mais dans le sport comme à la télé, tu connais les règles. Tu les maîtrises, tu les assimiles, tu les digères, et seulement après tu peux te permettre de les accommoder à ta propre sauce, de les transgresser, ou comme on dit dans le Sud-Ouest « d'y mettre un pet au casque »… Tu peux avoir un éclair de génie, mais tout de suite après, impératif de revenir aux fondamentaux, sinon tu risques de péter un boulard.

Essayer, essayer d'avoir les codes, de prendre les paramètres, de s'en éloigner, de lâcher la rampe, de s'envoler pour mieux y revenir, c'est peut-être ce qui fait la différence, l'originalité. Trop propre, sans ce petit grain de folie, mieux vaut rester tranquille à la maison l'été, à jouer à Candy Crush ou au Scrabble en regardant le Tour de France pendant la sieste à la télé… (J'adore !)

L'instinct. Un coup tu perds, un coup tu gagnes, ça fait partie de la règle. La vie est un jeu, un jeu d'obstacles. Lorsque tu pars avec des cartes faussées, tu t'accroches, tu restes en accord avec toi-même, c'est aussi ta force, ton originalité qui te permettent d'avancer. C'est exactement ce qui s'est passé avec l'accident de moto qui m'a fait stopper du jour au lendemain toute activité.

– 5 –

TROUVER LA FORCE

10 juillet début d'après-midi, j'ai vingt-trois ans.

Le soleil est radieux, mes parents ont quitté Toulouse avec ma petite sœur pour la Bretagne comme nous le faisons chaque été.

Je me rappelle qu'à l'époque nous nous entassions dans la Dauphine familiale, véritable expédition vers la petite maison de pêcheurs de ma grand-mère à Quiberon. Moments suspendus… J'ai encore sur mes lèvres ce goût salé du bonheur, de caramel, de beurre, de mer… la saveur des glaces à l'italienne qui dégoulinent le long du cornet, et le délicieux croquant des niniches chaudes, ces sucres d'orge au caramel croustillant ou aux couleurs acidulées que nous dégustions en famille, le soir face au port sur la jetée illuminée.

Cette année-là, je suis resté seul à travailler sur Toulouse afin de réunir l'argent nécessaire pour finir de m'offrir des vacances en Italie, avec des copains. Jeans bleu délavé blanc, chemise à fleurs bien déboutonnée niveau poitrine, manches courtes à la Magnum, je trace la route au guidon de ma moto, ce 600 XT si cher à ma liberté. Je me sens bien, inconscient, le cheveu au vent.

La moto a toujours été pour moi synonyme d'évasion et d'indépendance. Je n'ai jamais supporté de me sentir prisonnier de quoi que ce soit, même pas d'un col roulé, d'un casque intégral, voire de la vie en intégrale.

D'ailleurs, la vérité doit enfin éclater… Ne suis-je pas né sur un scooter ?

C'est au matin du 2 novembre 1960 à Fontainebleau que ma mère a ressenti ses premières contractions. Pas de voiture, pas le temps ni l'argent pour appeler une ambulance. Elle est arrivée devant la clinique assise en amazone sur la Lambretta grise, accrochée comme un sac à dos à mon père, et moi coincé entre les deux comme un marsupial dans la poche de sa mère. Elle m'a donné la vie au pied du perron de la clinique, en tombant de la selle du scooter !

Voilà, ce qui devait se savoir est désormais mis au grand jour !

Vingt-trois ans plus tard, c'est à mon tour de me retrouver sur mon deux-roues fendant l'air.

J'ai relevé la visière de mon petit casque blanc pour mieux sentir le vent sous cette chaleur étouffante. Il faut dire qu'à Toulouse, quand il fait chaud, c'est plus qu'insupportable.

Dans moins de cinq minutes je serai chez mon copain Éric, roi de la mécanique. Avec mon pote Pan-Pan, roi du mauvais plan, nous préparons depuis un an nos premières vacances à deux-roues. Destination Rimini en Italie. Tout en roulant, cette seule pensée me donne des ailes. Plus que huit jours avant le grand départ ! Petits réglages, dernières mises au point, ultimes révisions… J'ai économisé et travaillé toute l'année à la radio, en faisant également moult publicités dans le seul but de m'offrir ces vacances tant espérées.

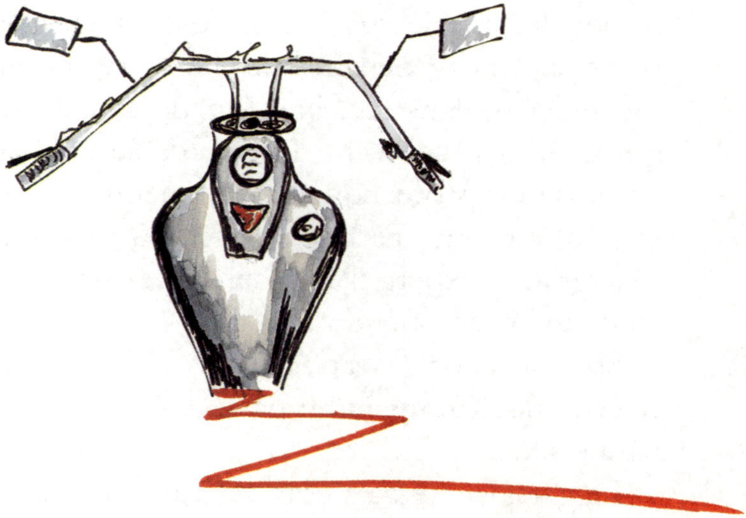

Je revois encore très précisément cette route sinueuse, celle de Saint-Geniès-Bellevue dans la banlieue nord-est toulousaine.

Je me souviens parfaitement du croisement d'avant… de celui d'après aussi. Il roule à quatre-vingt-dix, je roule à quatre-vingt-dix. Choc frontal à cent quatre-vingts kilomètres-heure.

J'entends encore le bruit. Une onde magnétique qui me transperce le corps. Une torture.

Le volume du son est insupportable. Un bruit de casse, de carcasse, le crissement de la carrosserie froissée, de la tôle rouillée. Avec la canicule, le bitume a cette odeur de goudron chaud mêlé à la vapeur d'huile qui ondule sous le soleil.

Il a soixante-quatorze ans. Il est en train de faire un malaise cardiaque. Il arrive de l'autre côté de la route, face à moi, au volant de sa R6. Je le sens dévier de sa trajectoire, je le vois traverser la ligne blanche pour finalement me cueillir et littéralement me faucher dans ma file. On dit que la fourche qui tient la roue avant des motos se plie toujours en guise de protection. Pas la mienne. La mienne se sectionne en quatre endroits. Du jamais-vu. Les plus grands experts l'analyseront, et ne s'expliqueront jamais ce phénomène.

Sous le choc le capot avant de la voiture s'est relevé, me découpant au passage le bras gauche en lambeaux.

Le garagiste juste à côté est aux premières loges, carré VIP, comme pour assurer, au cas où, le service après-vente immédiat… La résonance de l'impact, le froissement de la tôle attirent son attention. Il suit mon vol plané par-dessus les thuyas d'au moins quatre mètres de haut, qui se terminera, selon la gendarmerie, à trente-neuf mètres soixante-quinze du point d'impact initial. Recordman ! Spiderman, Batman, non… Superman ! Mais sans la cape.

Après la rencontre de mon bas-ventre avec le réservoir situé juste là, entre les jambes, et le capot avant de la voiture qui a déchiqueté mon avant-bras gauche, mon unique chance : je ne croise aucun obstacle sur la trajectoire de mon vol. Il aurait suffi d'une borne kilométrique, d'un poteau électrique, d'un arbre, que dis-je… d'un pic ! Matthieu Chedid aurait déjà pu chanter :

« *Ahhh la belle étoile*
Quelques étoiles fuyantes
Et toi ma bonne étoile… »

Je pense que ce 10 juillet à 15 h 15, en plein jour, elle était là.

« Il est mort. »

Bilan… Dix-huit fractures, cent trente points de suture, la rate éclatée, les muscles scalpés ; je passe les détails croustillants, dignes d'un film d'horreur et qui pourraient un peu trop alimenter les gazettes…

– Il est mort.

Les mots claquent et résonnent encore à mes oreilles. Trois mots couperet… Sans appel.

Le gendarme est plutôt jeune. Juste avant ces mots, je l'ai entendu griffonner les numéros de téléphone ; celui du domicile de mon frère Bruno, et tous ceux que j'ai débités par cœur, en vrac, entre semi-conscience et trois quarts inconscience : celui de Florence, ma petite amie, d'Éric et même celui de Marco, mon voisin et ami le plus proche.

« Il est mort. »

Le verdict me tue.

J'ai vingt-trois ans et demi, et en promesse toute une vie, toute ma vie…

Les pompiers arrivent. Je ne cesse de demander si j'étais seul sur la moto. Je n'entends plus la réponse.

Mon corps, lui, s'est évadé ailleurs. Puisqu'on me dit que je dois être mort…

*
* *

Hôpital Rangueil, sud de Toulouse. Le coma. Interminable… « Ô temps, suspends ton vol ! » Je suis parti, pas encore revenu. Je ne suis qu'à la surface de moi-même.

14 juillet. Mon lit est tourné vers la fenêtre pour que, même dans mon sommeil le plus profond, je ne loupe rien du spectacle. Une idée de Florence, et elle y tient : elle connaît ma passion pour les feux d'artifice couloureux, comme dirait ma grand-mère, moi qui flotte, à cet instant précis, dans un

Ma tête ne répond plus, mon corps s'évade

monde délavé. Nous avions prévu d'aller voir celui de ce 14 juillet ensemble.

– François, t'as mis tes sabots ? Ça fait du bruit sur le carrelage !

Silence et sidération. Florence et François, mon réalisateur radio qui avait pour habitude de porter deux morceaux de bois aux pieds, sont tous deux présents à mon chevet en salle de réanimation, et sont saisis immédiatement d'une émotion incontrôlable.

– Va me chercher un Coca, j'ai soif François. C'est infernal ici, quand t'as soif ils ne te donnent même pas à boire !

Un Coca ?... Bien sûr un Coca ! Boisson interdite pendant toute mon enfance et dont j'ai automatiquement usé et abusé par la suite.

– Ça va ?

– Non ça ne va pas François, j'ai soif !

Ma bonne humeur parlait d'elle-même. Et d'ajouter :

– Avec Pan-Pan les mauvais plans, on n'a pas pris l'assurance annulation pour Rimini, on ne va pas pouvoir se faire rembourser, c'est chiant ça !

Je ne mesure pas ce qui m'attend...

Je suis aux soins intensifs, intubé par tous les orifices où on peut l'être, je viens de sortir du coma.

Renaissance, souffrance, horreur chaque jour, le cauchemar toutes les nuits.

réveil coloré dans un monde délavé

Le diagnostic est lourd, très lourd, trop lourd : neuf mois d'immobilisation pour tout horizon et la douleur en continu.

Il faudra me reconstruire, psychologiquement, moralement, physiquement… Une horreur qu'on n'imaginerait même pas pour son pire ennemi.

Le mal est si fort que pendant de longs mois, je ne peux plus dormir. Même pas un peu, jamais. Mes muscles fondent, j'ai le sentiment chaque jour d'être allongé dans une flaque tellement je transpire sur ce matelas alaisé. J'ai la joue de plus en plus creuse, la fesse de plus en plus molle, et toujours ce maudit pistolet coincé entre les perfs et l'alaise qui met mal à l'aise. Je supplie qu'on augmente les doses de calmants, voire de morphine. Entre tous ces maux, les mots ne sont plus assez forts pour exprimer mon anéantissement. D'autres douleurs viennent se greffer chacune à son tour. Le dos à cause de la position allongée, les jambes qui frôlent les phlébites, les piqûres dans le ventre pour les éviter, j'en passe et des meilleures.

– Docteur, vous vous êtes trompé de jambe. J'ai vraiment très mal à la jambe droite et vous m'avez plâtré la gauche !

Gêné, il balbutie du pied du lit :

– Vous avez une triple facture ouverte au pied droit, on ne peut pas le plâtrer ! Quant à votre pied gauche, il a fait un tour complet sur lui-même…

L'enfer. Avoir mal à en mourir. Se laisser partir…

Les souffrances sont insupportables. Je deviens très vite squelettique, plâtré des doigts de pied à la minerve. La douleur est horrible. Est-ce qu'il ne vaut pas mieux se laisser aller ? Je me pose la question du haut de ma jeunesse allongée. Comment vais-je supporter ce corps diminué, délabré, lacéré ?

Surtout ne pas se poser de questions, ne pas succomber à la tentation, à ces violents coups de tourbillon du fameux « À quoi bon ? » Ne pas céder à cette nonchalance, à cet état de léthargie qui m'assaille. Ne surtout pas m'autoriser à penser : « À quoi ça sert ? » Si en plus, je dois en sortir diminué, moi pour qui le sport était devenu un culte, quasi une philosophie de vie… La force mentale acquise pendant ces dix années de karaté sera-t-elle au rendez-vous pour me sortir de cet abîme de souffrances ?

Une véritable déflagration. La douleur ne me lâche plus. Je dois tout réapprendre. Repartir du début. Retrouver des sensations. Commencer par me nourrir, bouger un membre après l'autre. Entrer dans la peau de cet autre qui me ressemble comme deux gouttes d'eau, mais qui se retrouvera très rapidement avec quinze kilos de moins. Je ne suis pas lui, il n'est plus moi. Le visage tuméfié, en partie arraché, tous ces ligaments sectionnés par la violence du choc. Je demande un miroir, ma mère refuse. J'ai besoin de voir, l'imaginaire fuse.

Finalement, ce morceau de glace à la main me reflète une vision que je n'oublierai jamais… Ma tache a disparu : je suis un hématome géant. Depuis ce jour, je peux mettre un visage sur l'Horreur.

Les multiples transfusions que je suis dans l'obligation de subir me laissent dans un état de profonde angoisse. Nous sommes en pleine époque de l'affaire du sang contaminé, je le découvrirai bien plus tard. Où trouver la force pour résister à la tentation d'abandonner ?

Peut-être dans les mots de mon père que ma mère reprend pour me tirer un sourire, moi qui suis, dans mon lit cloué, totalement toutânkhamonisé : « Qui n'avance pas recule ! » Tu parles d'une lapalissade !

Ou peut-être dans ceux de mon grand-père maternel :

– Jean-Luc, les docteurs t'ont dit : tu as une chance sur cinq de t'en sortir ; et moi je te dis, si tu as une chance sur cinq… Prends-la !

Mais vu mon état, de quelle chance on parle, là ?

Ma mère ne quitte pas la chambre en ces temps plus que difficiles. Elle vient avec des trésors au quotidien : ses Tupperware remplis de concombres à la crème, bien dégorgés et bien moutardés comme j'aime. Tout pour tenter de faire naître une envie, un embryon de sourire.

Marie-Laure, ma petite sœur, vient me rendre visite.

– Ça va ?

– À ton avis Marie-Laure ? Bah non ça va pas. T'as une autre question ?

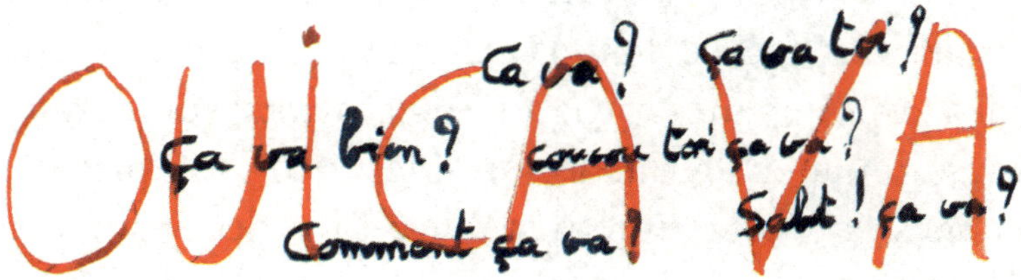

Je ne suis plus qu'un pansement ; j'ai un pied dans le plâtre et l'autre suspendu au plafond ; un bras maintenu par une poutrelle, l'autre bandé, je suis momifié, et elle me demande si ça va ! Comment, oui comment dans un moment pareil, peut-on demander si ça va ?

À cette occasion, pour m'exprimer, il eût mieux valu que je maîtrise la langue des signes, mais pas de pot, le bras dans le plâtre, c'est compliqué.

Finalement, les rôles se sont inversés : ce n'est plus ma sœur l'handicapée.

Marie-Laure rit de la situation. Je finis par en rire aussi. Malgré cette situation plus que difficile, je ressens au fond de moi le besoin de la protéger de cette vision d'horreur que je suis conscient de lui imposer.

« Ça va ? » Depuis ce temps-là, ces quatre lettres dénudées, jetées à la volée, ne résonnent plus en moi de manière anodine lorsque je les entends.

« Ça va ? » J'ai conscience à présent du sens, du poids et de la valeur de ces deux petits mots.

Je sais aussi très vite que ma lente reconstruction va passer, une fois de plus, par le regard des autres. Ça doit être un leitmotiv dans ma vie, le regard des autres. Toutes celles et ceux qui suivront mes espoirs, mes progrès, mes arrêts sur image, mes impatiences insupportables dans les plâtres, et mes langueurs interminables. Mes déceptions... Ma douleur.

Lorsqu'ils poussent doucement ma porte, je devine dans leurs yeux où j'en suis physiquement depuis l'accident. J'observe, je décrypte inconsciemment...

Jusqu'à maintenant, en dehors du cercle restreint de ma famille, ma garde rapprochée, les visites étaient interdites. Mais vient enfin ce jour privilégié où mon ancien voisin et néanmoins copain Philippe Blanc est autorisé à venir me voir. C'est une joie à laquelle je me prépare toute la semaine, enfin un premier espoir venu de l'extérieur. J'imagine déjà les mots que nous allons échanger et notre complicité qui me sortiront de ce face-à-face quotidien que j'entretiens avec mes plâtres et les murs blancs de ma chambre d'hôpital. Chaque nuit, je ne supporte plus leur nudité cumulée à ma solitude. Même pas l'infime envie d'allumer la télé, et vu mon niveau d'emplâtré, même pas la possibilité de tourner les pages d'un livre de Mickey.

Malgré son nom de famille, Philippe Blanc a toujours eu les joues roses. Il apparaît enfin tonitruant, avec son radieux « BONJOUR ! ». Redécouvrir son visage solaire est une onde de chaleur qui vient réchauffer l'hiver de ma chambre alors que nous sommes en plein mois d'août.

Dix secondes… Dix secondes seulement !

Dès que son regard se trouve confronté à mon visage quelque peu défiguré, il est sans nul doute plus que saisi devant ce gigot totalement embroché que je suis. Je le vois changer de couleur, virer au blanc, on ne peut plus raccord avec son nom. Je l'entends encore s'écraser au sol, comme un sac. Et d'un seul coup, comme dans un dessin animé, il disparaît au pied de mon lit…

– Philippe… Philippe !

Je l'appelle désespérément de ma dégoulinante position allongée.

J'appuie comme un malade sur la poire d'urgence. Le rouge est mis. Deux infirmières arrivent dans leurs chaussures caoutchouc blanc. « Que se passe-t-il, monsieur Reichmann ? » Elles aperçoivent alors mon ami Blanc sur le carrelage du même ton. Elles le relèvent, lui donnent un sucre toujours du même ton et l'aident à reprendre sa respiration. Arrive le brancard porté par deux blouses blanches (décidément…). La porte se referme.

Fin de la visite de Philippe… Fin de l'épisode Blanc. Circulez, il n'y a plus rien à voir !

Et moi ? Je me retrouve seul dans mes plâtres et ma minerve en guise de col roulé !

Je tente malgré tout de réprimer les prémices d'un fou rire naissant qui pourrait se montrer dévastateur pour les cinquante points de suture de ma rate éclatée, et les cent cinquante sur mon avant-bras totalement déchiqueté, avec, au menu, la réjouissante perspective de l'éventration ! Ikea n'existe pas encore, mais ça aurait pu être mon surnom… Démonté, en kit total, sans la notice.

À l'hôpital, je suis comme un marin saltimbanque qui change chaque fois de port.

Du service des urgences où j'étais assisté vingt-quatre heures sur vingt-quatre, j'ai été transféré dans une chambre des plus particulières… En service gynéco, seul homme à l'étage. Suis-je handicapé jusque dans mes parties intimes pour avoir atterri ici ?

Pourtant, après avoir tout vérifié, je suis bien encore un homme.

– Elles sont repeintes en violet… Tu penses que c'est dû à la violence du choc contre le réservoir ?

C'est la question que je pose à ma mère si pudique qui, après avoir piqué un bon fou rire comme à son habitude, m'explique que je suis au service gynécologie uniquement à cause de l'ablation de ma rate. Le fait est que l'éclatement de celle-ci m'a propagé deux litres de sang jusque dans le bas-ventre.

Ouf de soulagement, mais toutefois une interrogation persiste : « Est-ce que je peux vivre sans ? » D'un seul coup, lorsque ça vous tombe dessus, vous devenez obnubilé… Quelles seront les conséquences sur mon corps de l'ablation de la rate ?

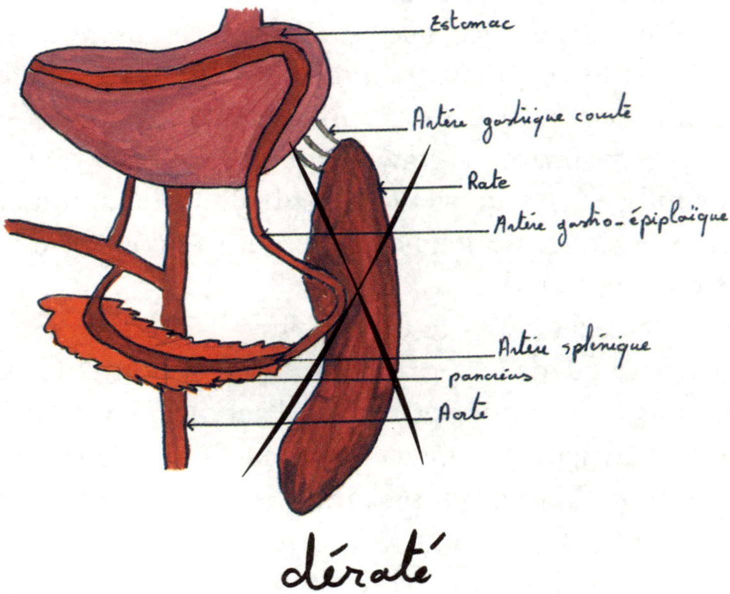

En raccourci, sans rate, tu n'as plus de points de repère en ce qui concerne la fatigue, plus de points de côté. C'est ce que je serai amené à constater lorsque j'essaierai de reprendre le karaté.

– Fais attention car maintenant, tu n'as plus de barrières préventives, me dira Lilian.

Il faut également surveiller mes globules, me soumettre régulièrement à des vérifications de plaquettes, comme sur la moto.

Mais tentons de rester positif. J'apprends que des sportifs de haut niveau se font enlever la rate et que ça permet de courir plus vite. D'où la fameuse expression « courir comme un dératé ».

Il ne me reste plus qu'à courir vite, toujours plus vite, loin, toujours plus loin. Comme ces cyclistes du Tour de France que je regarde depuis mon lit franchir les caps, les sommets, étape après étape. Je me compare à eux. Finalement, chacun a sa propre montagne à gravir, à quelque niveau que tu la situes, et chacun se donne la hauteur du sommet. La prochaine montagne en ce qui me concerne va être dure, très dure…

Agir, réagir. Sup de Co retrouve le chemin de ma mémoire. Dans le sport, c'est la percussion… Cette capacité à toujours être dans l'action, la réaction, dans la dynamique. Dans la difficulté, c'est le mental qui gagne. Mais à cet instant précis, je n'y crois plus.

Ma vie c'est l'autre… Les autres

Si on me met seul sur une île déserte, sans l'autre je ne suis rien… Je passerai la première journée à me dire : « Bon t'es sûr il n'y a personne ? » Au bout du deuxième jour, je commencerai à nager… pour tenter de trouver quelqu'un avec qui partager.

C'est dans l'autre que je recharge mes batteries, c'est mon moteur, ma ressource. Qu'il soit proche de moi physiquement ou au bout du téléphone. Mais là, malgré la présence de ma mère quasi permanente, je ne me suis jamais senti aussi seul.

J'apprends que les auditeurs de Radio Cambos où j'officiais tous les matins demandent souvent de mes nouvelles. Pour leur répondre, je décide de leur parler à l'antenne. En direct, par téléphone, depuis mon lit d'hôpital.

– Quand allez-vous revenir ?

Leurs questions me redonnent de l'espoir.

– Je vais essayer de me remettre au plus vite. Dès que je le pourrai je vous rappellerai !

Rendez-vous est pris pour le lundi suivant, à 9 heures : fréquemment je fais des petits points « étape suivante » et j'aime ça, ça me motive.

Chaque jour devient l'étape suivante. Comme les cyclistes du Tour. Essayer de rester vivant, au fond, c'est se demander : quelle est l'étape suivante ?

Je dois aller à l'essentiel. Quelle est ma priorité aujourd'hui ? Mon but premier est de ne pas me laisser aller. De survivre. En rééducation, tu passes par tous les stades. De la souffrance extrême à l'espoir, du dégoût de vivre aux mains tendues qui te disent qu'il y a toujours pire que toi. C'est dans l'autre que je trouverai la force. Enfin… la plupart du temps. Il y a des exceptions.

L'autre peut pourtant être un réel danger…

Les nuits sont longues… interminables. Le sommeil se refuse à moi, me fuit. Une question me hante, vire à l'obsessionnel : pourquoi ? Pourquoi celui qui m'a fauché en plein bonheur ne prend-il même pas la peine de demander de mes nouvelles ?

J'ai appris que lui s'en est sorti sans séquelles physiques. Comment peut-il se montrer aussi indifférent ? Si c'était moi qui avais renversé un gamin de vingt-trois ans, ne ferais-je pas tout pour me « racheter » ou tout au moins me tenir au courant ?

Je lui en veux énormément. Et en même temps je ne lui en veux pas. J'en ai fait plus ou moins mon deuil, enterré vivant dans l'accident, tant de souffrances pour une telle indifférence.

Mais je veux voir la tête de celui qui m'a renversé, ça vire à l'obsession.

*

*   *

Puisque ce n'est pas lui qui vient à moi, c'est moi qui irai à lui, dès que je sortirai de l'hôpital.

Tour de force : m'extirper de la voiture avec mes béquilles, mon plâtre et mon lot de blessures… Je vais enfin connaître le visage qui a pourri mes nuits à force d'interrogations et de coups de marteau sur les os.

C'est l'hiver, il est tôt, il fait déjà presque nuit.

Je suis devant sa maison. Je sonne. « Ding dong, bonsoir, je suis... » Il sort, me regarde. Son portail demeure hermétiquement clos.

Il est petit, râblé, insupportablement anodin et totalement anecdotique. Une ombre dans la lumière blafarde du haut des trois marches de son perron.

Il se tient à distance comme si j'étais un criminel.

Son ton est cinglant :

– Je n'ai rien à voir avec cette affaire. Voyez avec mon avocat, vous rouliez trop vite.

Neuf mois... Neuf interminables mois que je suis en souffrance, que ma vie ne s'apparente qu'à une sombre parenthèse désenchantée. Et ces mots terrifiants. La blessure de ses petits mots balbutiés, au bout du petit chemin de son petit jardin.

Il a l'âge d'être mon grand-père, pourrait l'être, et il me laisse derrière sa grille avec mes béquilles ! *Game over.*

Pourtant le rapport est formel : sa voiture s'est déportée, coupant la ligne blanche. Et là sur le trottoir, à deux pas de l'accident, pour la deuxième fois il me cueille, recueil, cercueil.

Comme si sa cruauté verbale n'était pas encore parvenue à son apogée, il plante l'ultime banderille :

– J'ai été un des premiers à obtenir mon papier rose, j'étais le numéro quarante-quatre à avoir mon permis à Toulouse !

Immonde. Comment peut-on se montrer aussi inhumain ?

J'entends encore la voix de sa femme qui lui murmure :

– Rentre, tu vas prendre froid !

Je reste là, debout, abasourdi, avec ma douleur. La moitié du visage arraché, l'avant-bras gauche déchiqueté, la rate éclatée, et lui, il faut qu'il rentre car il va prendre froid…

L'électrochoc. Je sors à peine d'une bataille que je dois en livrer une autre, contre l'injustice écrite en lettres majuscules sur le fronton de sa porte refermée.

À cette seconde, je prends douloureusement conscience que pour le reste de ma vie, je lutterai contre les injustices et les différences. L'accident, la tache, le handicap, ma petite sœur.

Ce genre d'injustice, je l'avais déjà croisé en classe de seconde à quinze ans, au lycée Saint-Joseph. Ce jour-là, le petit banc de mon voisin mitoyen, au premier rang, était resté vide.

Nous partagions le même pupitre à l'école, nous avions découvert les mêmes musiques au même moment, la même passion pour les deux-roues nous unissait. Il rêvait d'une moto Suzuki GT 125 moutarde. Ma fierté, c'était ma Mobylette Peugeot 103 SP beige, biplace, avec variateur et suspension arrière ! Il était timide, bien élevé, mais déjà rebelle avec ses longs cheveux au milieu du dos.

Monsieur Roqua, le proviseur, est entré en plein milieu de notre cours de français le 5 janvier au retour des vacances de Noël. Il a juste dit ces six mots : « Un de vos camarades a disparu… »

On s'était souhaité « Joyeux Noël », et en ce jour du 25 décembre, il venait de recevoir en cadeau sa moto si longtemps désirée. Il roulait sur le boulevard de Strasbourg à Toulouse à côté d'un copain en deux-roues, leurs rétroviseurs se sont percutés, il est tombé, le bus lui a roulé dessus.

La moto, son père l'a défoncée de rage à coups de poing…

Beaucoup de personnes ont leur avenir derrière elles, lui est parti les pieds devant, les cheveux au vent. Il était là, dans cette boîte sous les yeux de ses amis, de ses parents, et sous les miens gorgés de larmes que j'essayais de retenir, mais qui ne pouvaient s'arrêter de couler. Blessure d'enfance mêlée d'un sentiment de profonde injustice : À quoi sert la vie si on peut mourir à seize ans ?

Sur ma platine, le disque de Maxime Le Forestier ne cesse de tourner :

« *Ça sert à quoi tout ça, ça sert à quoi tout ça ? Il nous reste si peu à vivre.* »

Depuis ce jour, ma place à l'école serait au fond de la classe, seul.

Chaque fois que je voyais à la télé l'émission de Patrick Sabatier « Avis de Recherche », je me disais que j'aimerais bien revoir les copains de classe de seconde…

*
* *

La moto a toujours été et sera toujours ma passion. Pour preuve, je suis allé m'en commander une avec plâtres et béquilles à l'appui. Ça a rendu dingue ma mère.

Pourtant l'accident m'a laissé des traces indélébiles. Sur le sommeil par exemple, je le cherche toujours… Ces nuits où mes nerfs broyés se réveillent, où « mes impatiences » se font tyranniques, insupportables. Il suffit d'un peu d'humidité dans l'air ou même d'un simple sac et ressac de la mer pour aiguiser ma douleur. Un vrai baromètre.

il n'y a que ceux qui le désirent qui font plus vieux

Mon bras gauche, quant à lui, est resté longtemps insensible et inerte, m'empêchant de me déplacer, de faire du karaté ou même, pire, de jouer d'un quelconque instrument de musique.

La première chose que j'ai faite en retrouvant mes sensations, bien des années plus tard ? Rejouer du piano ! Dès l'âge de cinq ans, on m'a toujours mis derrière un clavier, une partition. Depuis toujours la musique est au cœur de notre famille… Ma sœur certes est sourde, mais mon frère est pianiste comme mon père et j'adorais les écouter sur le vieux piano familial marron clair pas cher, qui ne « sonnait » pas toujours très juste !

Rejouer *Les Feuilles mortes*, comme je le faisais pour ma grand-mère… « *Tu vois je n'ai pas oublié la chanson que tu me chantais…* » Peut-être ma façon à moi de mettre un point final à toutes ces douleurs.

« Tout ce qui ne vous tue pas vous rend plus fort », disait Nietzsche. J'aurais tendance à ajouter : oui, mais à quel prix ?

*

* *

En deux-roues, notre corps est notre unique carrosserie. J'ai peur pour tous ces gamins en tongs, chemisette et jugulaire de casque non attachée que je vois encore aujourd'hui s'élancer sur la roue arrière, même si je les comprends.

À quatorze ans, j'ai réclamé une Mobylette à mon père. Sa réponse :

– Tu te la payes, avec l'essence et l'assurance et si on te la vole, bah écoute…

J'étais d'accord avec lui. Je lui ai seulement demandé :

– Papa, tu penses que je peux trouver un job d'été à Mammouth ?

Il y travaillait… Il me l'a trouvé. Rayon charcuterie. Lever à 3 heures du mat'. Au boulot à 4 heures…

Au menu ? Faire du pâté de porc, couper les têtes des cochons en deux, leur enlever la cervelle et les yeux, garder le caoutchouteux, griller les derniers poils pour plus de moelleux.

Le meilleur : les imitations de Coluche et des politiques que je tentais pour faire rire mes collègues. Et ça a motivé mon patron Jacques Gervais (comme les glaces, mais il était charcutier. Comme quoi…).

– Ton bagout, utilise-le à bon escient, m'a-t-il dit.

Et il m'a installé sur le parking du Mammouth pendant les cinq jours anniversaires.

Résultat : je suis devenu l'attraction des quatre cents employés du supermarché. « Venez voir… il y a le fils du directeur qui sème la zizanie sur le parking ! »

Au final, à quatorze ans, j'ai renversé le Mammouth. En cinq jours j'ai vendu quatre tonnes de saucisses de Toulouse à onze francs quatre-vingt-quinze le kilo. Du jamais vu de mémoire de pachyderme !

La haine des employés du labo charcuterie ! Toutes les nuits obligés de fabriquer des centaines de kilos de saucisses pour répondre à la demande et tenir la cadence…

Mais moi, pendant ce temps-là, ma Mobylette, je me la suis payée.

– 6 –

MICRO-PRÉAMB...ULLLLLE

Retour dans les pas de mon père... J'ai six ans.

J'ai toujours couru derrière lui dans les supermarchés, où il était passé de simple employé à directeur.

Je me rappelle ce rituel immuable : chaque matin avant l'ouverture, il va inlassablement au pas de course, dans son costume gris encravaté, saluer tous les employés dans les rayons, dans les réserves, derrière les caisses.

Haut comme trois pommes, je le suis déjà à grandes enjambées au rayon fruits et légumes et dans toutes les allées. Je m'amuse, je mets mes pas dans les siens, je l'observe inconsciemment : sa façon de saluer toujours avec beaucoup de respect, l'un au rayon textiles, l'autre au rayon poissons.

Papa est en haut dans les bureaux, moi je suis en bas à la caisse centrale.

Ce jour-là vers midi la faim me tenaille... Or la caissière en chef, madame Barthès, avec laquelle au fil du temps j'ai créé des liens quasi familiaux, me tend le micro.

– Fais un appel pour ton père. Tu n'as qu'à appuyer sur ce bouton et dire : « Monsieur Reichmann est attendu à la caisse centrale ! »

Je me saisis sans réfléchir du micro, et articule bien distinctement :

– Mon-sieur Reich-mann est atten-du à la cai-sse centra-leu… S'il vous plaît… J'ai faim… Merci !

Et c'est là, à six ans, que je m'aperçois de la puissance du micro.

Le bourdonnement d'une ruche en plein travail, la déferlante des clients aux caisses, le crissement des roues des Caddies, tout se met en mode pause, en mode avion, puis c'est le supermarché complet qui se fige à l'écoute de cette voix d'enfant.

J'ai six ans. Une onde de chaleur se propage dans mon corps. Comme fasciné par cette puissance inattendue du micro, par ce moment suspendu, je réitère une fois, deux fois, trois fois : « Monsieur Reichmann est attendu… »

Je pense que c'est à cet instant que je prends la mesure du pouvoir de ce petit instrument gris cerclé de noir, l'impact de ma voix à travers cet objet métallique : LE MICRO. Comme tout enfant avec son nouveau jouet, je le serre, j'ai du mal à m'en séparer.

– 7 –

MICRO-TRIOMPHE

C'est cette même émotion, ce même frisson si particulier que je ressentirai quelque vingt années plus tard lorsqu'on me demandera de commenter, en direct du haut de l'Arc de triomphe, le bicentenaire de la Révolution française à Paris.

14 juillet 1989. Seul, tout seul derrière le micro, assis sur l'unique chaise improvisée au milieu de cette terrasse qui domine Paris. Je suis en haut de la place Charles-de-Gaulle-Étoile, au sommet de ce monument mythique, ma feuille tremblante dans la main droite, le même objet métallique gris cerclé de noir dans la gauche. Je ferme les yeux, prends une grande respiration et, à cet instant précis, retrouve le ressenti du petit garçon que j'étais derrière le micro de la caisse centrale.

– Il y a deux cents ans… Deux cents ans… Deux cents ans… Deux cent ans…

L'écho de ma voix, sa résonance, mes paroles relayées et démultipliées à travers les haut-parleurs placés sur les Champs-Élysées et, via la Concorde, jusqu'à l'Hôtel de Ville… C'est d'une force, d'une puissance irréelle. Je suis partagé entre la peur de bafouiller et celle de l'accident sur ce texte que je connais pourtant par cœur. J'ai lu, relu et re-relu ces pages à la respiration près. Entouré pour l'occasion par deux gardes du corps, j'imagine un instant me tromper, sortir de ce texte qu'un auteur a minutieusement préparé à la virgule près, faisant abstraction de tout grattement de gorge.

Le décor et la chorégraphie du défilé des différents corps armés sont réglés au millimètre. Des dizaines de milliers de personnes sur les Champs-Élysées avec dans le rôle du premier rôle, le président François Mitterrand, là, juste sous mes yeux cinquante mètres plus bas, s'inclinant devant la flamme du Soldat inconnu, et à la voix, la voix de cet inconnu que je suis.

À ce moment-là ne penser à rien, sauf au petit garçon toujours présent, si fier derrière son micro dans le supermarché Mammouth…

– 8 –

TOULOUSE… TO WIN

Flash-back : 1981, retour à Toulouse.

Bientôt vingt et un ans, je reviens de mes voyages hispano-tunisiens. Mélange de joie et de nostalgie, sentiment étrange de retour à la case départ. Un passé heureux et un avenir pas trop joyeux.

Toulouse la rose, la violette, la rouge et noire… Les arcades du Capitole souriantes, chantantes, attachantes. Toulouse la pimpante, la sportive, la festive, la jouissive. Toulouse la ville aux mille et une nuits, aux mille et une vies.

Je cherche du boulot, m'inscris au chômage. Entre crainte du lendemain et le fameux « qu'est-ce qu'on va faire de sa vie ? ».

Toulouse qui a fait de moi à l'époque ce que j'étais, c'est-à-dire rien proche du pas grand-chose, mais qui va peut-être, par le plus grand des hasards, m'ouvrir une porte vocale par l'intermédiaire de Pan-Pan, mon pote plombier.

Appelé en urgence pour réparer une fuite dans Ze cave de maison de Ze banlieue toulouZaine, il aperçoit dans Ze jardin une caravane surplombée d'une immenZ'antenne. (Oui, Pan-Pan zozotait légèrement, ayant une dent tous les quinze mètres et n'aimant pas du tout le dentiste puisqu'il était plombier !)

Les propriétaires ont créé une radio libre et cherchent à développer des programmes. Il me met immédiatement en avant proclamant : « Z'ai un copain qui peut venir vous raconter des zistoires dans le poste ! » Ce qu'il me résume illico par : « T'arrêtes pas de dire des conneries, va plutôt les raconter à la radio… Et puis t'as pas l'choix, en z'moment t'es proche du néant, et en pluz, t'as pas d'arzent. »

Comble du comble, c'est mon pote plombier Pan-Pan les mauvais plans qui me trouve mon premier tuyau-radio… à Radio des coteaux.

Je commence à affûter mes cordes vocales en racontant mes histoires drôles le dimanche matin, de 8 h 30 à midi sur Radio des Coteaux, alias « RDC ». Le tout bénévolement...

– T'as déjà d'la chance de parler dans l'poste, non ? me balance Pan-Pan.

J'officie depuis plusieurs mois à l'antenne lorsque Patricia, la directrice de Radio Cambos, la radio locale voisine directement concurrente, me contacte.

Elle ressemble à Tante Pim dans *Pim Pam Poum* ou encore à Mam' Goudig la Bigoudène, mais sans la coiffe. Une vraie pionnière, accro de radio, qui émet sur la fréquence 93.6 FM. Non plus dans une cave, mais cette fois-ci dans un garage (on monte d'un étage).

– Je t'écoute tous les dimanches. Tu me plais. Tu as le contact avec les auditeurs. Nous allons bientôt recevoir le chanteur déjanté de *Rocamadour*, Gérard Blanchard. Je te propose de faire l'interview. Si tu réussis le défi, je t'engage et je te rémunère.

À ces mots, je me retrouve en apesanteur : je vais peut-être passer de poids super-léger à petit poids moyen de la corde vocale !

Seul bémol à ce court instant jouissif : je n'ai jamais interviewé qui que ce soit derrière un micro, mais hors de question de laisser passer ma chance.

Jour J. La boule au ventre, la voix chevrotante, je parle à Gérard Blanchard comme je le fais avec les auditeurs du dimanche. Il semble apprécier et, me sentant fébrile, m'interroge à son tour en pleine interview.

– Tu fais quoi dans la vie ?

– Ben, rien… Enfin si, en ce moment, je suis à l'essai dans cette radio.

Il explose de rire.

– On est en direct là, non ?

– Ben oui.

– Et tu dis en direct, à la radio, que tu es à l'essai dans cette radio ?

– Ben oui… Mais si je réussis mon interview avec vous, ils me gardent.

Il n'en revient pas et commence, entre deux fous rires, à plaider en ma faveur : « Ce gars-là vaut mieux qu'un essai ! » Je ne sais plus où me mettre, gêné mais tellement heureux de vivre cet instant irréel. Le standard explose, derrière la vitre du studio on me fait signe que les auditeurs sont morts de rire, embarqués dans une vraie discussion de potes, plus que décontractée. Et moi de conclure à l'antenne :

– Merci, c'était Gérard Blanchard sur Radio Cambos 93,6 mégahertz. N'oubliez pas d'aller acheter son disque dans toutes les bonnes boulangeries (eh oui, on avé l'humour toulousain zinzin), à bientôt… Peut-être !

Gérard Blanchard ajoute :

– Mais évidemment à bientôt ! Pourquoi peut-être ?

Patricia me convoque pour un débriefing dans son bureau qui n'est autre qu'un salon rempli de vinyles, entassés dans le moindre recoin. Son visage ne reflète pas franchement un enthousiasme délirant.

– Le problème, Jean-Luc, c'est que l'on ne savait plus qui interviewait l'autre. En plus, vous avez le même timbre de voix, et c'était vraiment très compliqué pour les auditeurs de faire le tri.

Mon visage doit exprimer un tel dépit que son ton se radoucit.

– Il faudra que tu fasses attention à l'avenir, OK ?

Je blêmis. Je n'ose même pas espérer. Elle ajoute :

– Tu as le poste, tu commences lundi à 8 h 30.

Je me pince l'index, me mordille la lèvre inférieure pour être sûr de ne pas rêver. Ma première émission quotidienne du lundi au vendredi, dans une radio. Plus qu'inespéré ! Je repars au volant de ma Dyane 6, je décapote, je mets Radio Cambos à fond et je hurle en chantant « Mon amour est parti avec le loup dans les grottes de Rocamadour. » Je n'y crois toujours pas : moi qui mettais une fourchette pour faire antenne dans le tuner afin d'écouter « Les Grosses Têtes », ma voix va maintenant sortir du poste tous les jours !

La longue épopée des interviews se met en route. Tous les Toulousains y passent : Gold, Émile & Images, Jean-Pierre Madère... Puis viennent les grosses pointures, et pour commencer... la magique Compagnie Créole avec qui, pour être exact, ce n'est pas une interview mais plutôt un festival d'onomatopées, une symphonie de grand n'importe quoi. Ils sont cinq autour de moi dans le studio, et je ne parviens même pas à leur tirer un piètre mot. L'enfer, le calvaire… Je transpire à grosses gouttes et j'ai beau leur poser des dizaines de questions, ils ne répondent à chaque fois que par… « Oui » ou par… « Non » !

Malgré un sentiment d'interview ratée, je les raccompagnerai tous les cinq, entassés dans ma Dyane 6 Citroën jusqu'à la gare Matabiau, la capote grande ouverte, le manche de la guitare du bassiste

dépassant du toit de la voiture, et moi n'arrivant même pas à passer les vitesses au milieu du tableau de bord tellement on est tous compressés dans la trois-chevaux.

Puis arrive la consécration : je fais trois cents kilomètres à moto avec mon poteau Pierrot, un électricien que m'a fait rencontrer Pan-Pan le plombier suite à une fuite d'eau qu'il avait déclenchée en me dépannant… Pan-Pan les mauvais plans. Nous roulons vers Biarritz pour réaliser ma première interview d'une vedette internationale du moment, Al Jarreau !

Hôtel du Palais, face à l'Atlantique… Un rêve éveillé. Ma première interview en anglo-toulousain. Celle du chanteur de mon générique radio *Boogie Down.*

Un homme grand, très grand, tee-shirt blanc, pantalon de survêtement blanc, chaussettes de tennis blanches, descend le grand escalier blanc, face à l'océan… Rires, complicité en franglais et le soir, sous un ciel étoilé comme jamais, il me semble qu'il ne chante que pour moi *Roof Garden* dans les arènes de Bayonne. Bonheur partagé avec mon ami Pierrot, la tête dans les étoiles. On s'en souviendra jusqu'à la fin de nos jours.

Vient aussi à la radio Bernard Lavilliers, « marcellisé », avec ses muscles et ses tatouages bien dessinés. Il me parle capoeira, salsa, favelas, Cuba et culs bas. Là, je rame à fond en terre inconnue au rythme du Brésil… Derrière le micro, je lui demande de me décrire les paysages, les atmosphères : l'odeur de la terre, la couleur de la langue, la fièvre des danseurs.

Trente ans plus tard, alors que nous serons en promo tous les deux sur RTL, je retrouverai cet homme étonnant, détonant, mais toujours aussi mystérieusement impressionnant. Il se marre le Bernard, puis, après m'avoir écouté parler de ma série sur TF1, *Léo Mattéï – Brigade des mineurs*, conclut au micro :

– Tu t'occupes de faire de la prévention pour les gosses ? Ça part d'un bon sentiment, mais les gosses c'est tellement délicat, ça n'appelle que quand ça a besoin… ou pas… Enfin, ça dépend lesquels…

Lavilliers irréel mais tellement réaliste…

Ce sont ces instants, ces petites pépites qui me font avancer.

À Radio Cambos, je reçois un jour la big star bananée Dick Rivers en personne et lui lance d'entrée, pour briser la coupe glacée : « J'adore vos bottes ! »

Lui aussi, apparemment.

– Elles sont en vraie peau de crocodile d'Amérique, croisé avec une autruche d'Australie. Je vais te donner l'adresse… Vas-y de ma part !

L'adresse ? Au Nevada – États-Unis. Je le regarde sous sa banane noir corbeau, dans ses bottes en croco et son blouson en buffalo, et me demande vraiment sur quelle planète il vit… Moi, le petit animateur radio qui n'arrive même pas à payer l'assurance de ma Dyane trois-chevaux, il veut m'envoyer aux States pour acheter une paire de bottes de deux fois la valeur de ma voiture !

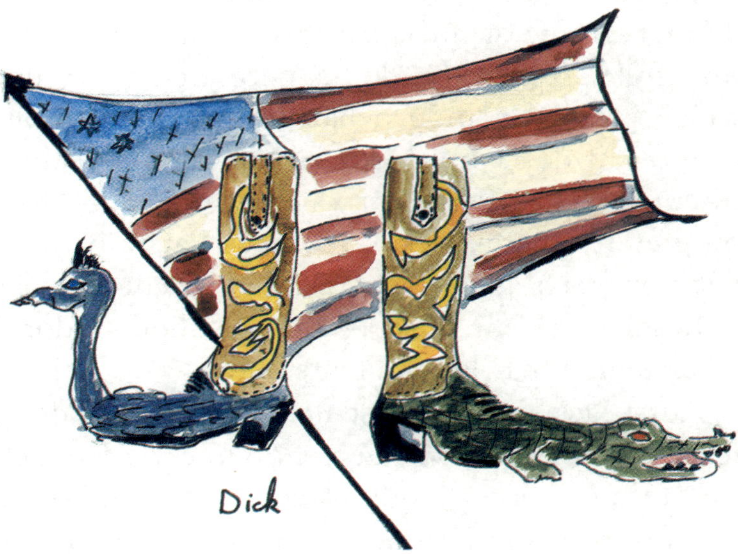

Pour arrondir les fins de mois et payer les factures, je multiplie les voix publicitaires et reviens aux animations commerciales dans les supermarchés. « Attention vente flash ! Moins dix pour cent pendant cinq minutes sur les radis, et je dirai même mieux, pour deux bottes achetées on vous offre la troisième ! » Quelle merveille ! Je m'amuse avec les clients, je cours dans tous les rayons, du fromage à la coupe aux surgelés.

Mais c'est vraiment à la radio que je me sens bien, que je me sens chez moi.

J'invente même un jeu pour me trouver un surnom : Reichmann, ça sonne mal. Tous les animateurs nationaux du moment se nomment Dodo, Mitsou, Sergio le Buffalo et autres surnoms d'appellation d'origine incontrôlée… Le but du jeu du jour : trouver le mélange parfait entre un légume (ma folle expérience des supermarchés) et une danse (rapport à mon déhanché face aux miroirs du poteau de la boîte de nuit). Les propositions fusent. « Salsifis Salsa, ça va être génial ! – Nous on préfère Patate-Rock. – Non pas Patate-Rock ça fait trop Patatrac, on veut Tango Haricot-Coco ! »

Résultat du jeu : ce sera « Boogie Chou », adopté à l'unanimité par les auditeurs !

Aussi bien que je me sente à Radio Cambos, je rêve tout de même secrètement d'intégrer le cercle très fermé d'une grande radio… Sud Radio, en l'occurrence. Or chaque fin d'année, Sud Radio (Ze Radio pour les Toulousains) organise un casting pour dénicher le jeune talent de demain. Je m'y présente. Je suis plein d'espoir. Maintenant que je me suis pris au jeu, j'ai envie d'aller plus loin. J'en rêve même la nuit, je ressasse mes interviews. Agostino, le directeur d'antenne du moment habillé tout en blanc, me demande sans ménagements :

– Dites-moi en quelle année est sorti l'album blanc des Beatles ?

Et là, pas de blanc, je lui assène l'argu qui tue :

– Je crois que les auditeurs s'en moquent, monsieur.

C'est à son tour de devenir blanc.

– Pardon ? Mais ne croyez surtout pas ça !

– Lorsqu'on est animateur radio, on peut le lire au verso de la pochette, monsieur, les auditeurs ne nous voient pas.

Pas du tout convaincu par mon dernier argu, Agostino le dirlo.

Un goût amer dans la bouche, je sens que ma spontanéité n'a pas été du tout appréciée. J'éprouve un sentiment de tristesse mais je n'arrive pas à regretter. Je préfère rester comme je suis plutôt que d'être formaté.

Je ne ferai définitivement pas une entrée triomphale à Sud Radio, mais plutôt une sortie radicale.

À peine entrouverte, la porte m'y est grand ouverte, côté sortie. Et c'est depuis ce jour que j'ai rebaptisé cette station… Zut Radio !

« Radio Cambos bonjour ! » Retour à la case départ. Je suis seul derrière la console ce jour-là. Un peu devenu l'homme à tout faire : j'anime la tranche du matin, je réponds au standard, je passe les disques… voire l'aspirateur dans le studio quand l'animateur de nuit, Maurice, a poussé le bouchon un peu trop loin.

Dès le matin, le téléphone ne cesse de sonner.

– Salut, est-ce que je pourrais parler à l'animateur ?

– C'est moi.

– Non, toi tu es le standard, passe-moi l'animateur s'il te plaît.

– Attends, je passe un disque et je reviens vers toi.

Je mets John Lennon sur la platine et je reprends le combiné. À l'autre bout du fil, mon interlocuteur semble s'amuser.

– Je suis Dodo Duforest, d'NRJ Paris.

– Oui super ! Et moi je suis un des Beatles et là je suis en train de chanter en direct, alors justement il faut que j'y aille. Ciao, désolé, j'ai pas le temps !

Je raccroche.

J'ai l'habitude du plaisantin malin du matin. Le téléphone crépite à nouveau.

– Radio Cambos bonjour !

– Ne raccroche pas, je suis le vrai Dodo Duforest. Je suis de passage à Toulouse. Est-ce que tu connais un café où l'on puisse boire un coup ensemble ?

Dodo Duforest, la crème de la crème des animateurs d'NRJ Paris… Je n'y crois même pas !

Rendez-vous est pris au café de la Paix… de Toulouse, en haut des allées Jean-Jaurès, juste à côté de la statue de Paul Riquet, au bord du canal du Midi. Mon fief ; j'y suis tous les soirs afin de peaufiner mes histoires pour les raconter le lendemain dans le micro, boire l'apéro avec mon ami Pierrot et mes conos de potos pour parler motos.

NRJ Toulouse est en train de se créer, c'est bel et bien le vrai Dodo Duforest qui me propose d'en assurer le 6 heures-9 heures.

Je ne connais même pas les conditions. Nous n'avons parlé ni contrat ni argent ni album blanc des Beatles. Je sais juste qu'il va falloir se lever tôt, très tôt, je suis raide dingue de bonheur !

« NRJ Bonjour ! Il est 6 heures…
Ça va, vous ? »

NRJ Toulouse, 6 heures du mat' j'ai des frissons, je ne claque pas des dents mais je monte le son. Le grand bain.

« Bonjour c'est Jean-Luc, ça va vous ? »

Moi ? Je suis comme un poisson dans l'eau. Mieux, même. C'en est tellement troublant que c'en est limpide… Dans mon bocal radio, derrière le micro, je saute, danse, vis l'instant entre inconscience et ivresse du moment. J'enchaîne les disques à l'instinct. Moi qui ne me posais déjà pas trop de questions, le bonheur : je m'en pose de moins en moins.

À l'antenne je me sens proche des auditeurs. Un matin, je m'amuse à dire : « Vous m'apportez les croissants ? » C'est là que je me rends compte de la puissance du média. En une demi-heure, on se retrouve avec cinq cents personnes à la porte de la radio. Émeute devant la station, les croissants et les chocolatines volent dans tous les sens, bataille de jus d'orange organisée, avertissement certes de mon directeur, mais grosse rigolade d'avoir réussi un coup sans le vouloir vraiment.

Je vis la vie des auditeurs en direct, je travaille trente heures par jour, dors dans le studio quand j'ai trop peur de ne pas me réveiller le lendemain de soirées trop arrosées. Période magique, peut-être trop… Scission entre les patrons : on se demande tous ce qu'on va devenir. Était-ce trop beau pour être vrai ? Je ressens déjà le profond manque de ce micro. C'est à cet instant que je m'aperçois qu'il est devenu une vraie drogue. Premières angoisses, première prise de conscience de ma fragilité à l'idée de ne plus m'exprimer.

NRJ deviendra pour moi « Fun Radio ». Je ne sais pas où je mets les pieds, mais l'essentiel est que j'en aie toujours un dans le métier.

« Fun Radio bonjour ! »

Je deviens le premier animateur radio en France à dire le mot, la marque Fun, Fun Montpellier suivra dans la foulée. Trois années de bonheur, de folie et d'insouciance : j'anime la tranche du matin, j'écris des slogans, j'invente des pubs, j'enregistre des maquettes, je transforme ma voix pour les jingles. Très vite, Fun Toulouse devient une référence locale voire régionale. La vie va de plus en plus vite.

1984 : on jette Gainsbourg à la poubelle !

En 1984 je suis au palais des Sports de Toulouse pour interviewer Serge Gainsbourg. Dans le long couloir crème, tout neuf mais déjà délavé qui mène aux loges, je suis le onzième d'une longue file. Devant moi Radio France et toutes les radios nationales. J'attends patiemment avec mon Nagra, ce petit enregistreur portable à bandes magnétiques dont je me sers pour tous mes reportages extérieurs. D'un air suffisant, le garde du corps me prévient direct :

– Vous n'aurez que trois minutes avec monsieur Gainsbourg ! Soyez concis.

Face à moi Serge Gainsbourg.

Dès mon entrée dans sa loge, j'entends sa voix traînante et reconnaissable entre mille : « Salut petit gars… » Il est explosé de fatigue, las, légèrement parfumé… à l'alcool de menthe. Je le trouve très élégant avec sa barbe naissante, sa chemise grande ouverte frisant le torse nu, son jean délavé laissant tout deviner et ses légendaires Repetto blanches recouvrant ses pieds nus.

La seule prise de tête pour moi : quelle question a bien pu ne pas lui être posée par les dix journalistes qui m'ont précédé ?

– Euh bonjour, monsieur Gainsbourg… Euh… Vous avez des passions ?

Il me regarde l'œil irrité par les Gitanes qu'il grille à longueur de journée, les faisant rougir les unes à la suite des autres, se servant de celle d'avant pour allumer celle d'après, comme ma grand-mère Mutti.

– Quoi des passions ? me lance-t-il.

Et là, d'un seul coup, c'est moi qui me mets à rougir.

Je poursuis, soudain très concerné :

– Pour être inspiré, il faut être passionné, non ?

– Euh… Oui.

Et là, il m'assène :

– À part la peinture, il n'existe rien.

J'en reste sans voix. Musique, peinture ? « Je t'aime moi non plus. » Lui qui a fait ses « armes et cetera » sur des mots n'aime que les tableaux ! Pendant trois quarts d'heure le gars de la sécurité va trépigner derrière la porte : il a la haine contre moi !

Gainsbourg me raconte en détail comment sa vie s'est construite autour de la peinture, me parle d'art primaire, d'art secondaire, à moi... le total néophyte ! Je ne comprends strictement rien à ce qu'il me dit et je n'ai qu'une peur : qu'il me demande quels sont mes peintres préférés ! Je fais quelques timides tentatives pour revenir sur son nouvel album *Love on the Beat,* révolution musicale du moment. Le regard de plus en plus rougi d'est en ouest, il me balance :

– Mais on s'en fout de l'album, mon gars !

Je repars, sonné, mais tellement rempli, enrichi de ce moment de partage aussi privilégié qu'inespéré. Des étoiles dans les yeux avec la lumière qui s'allume, comme des cigarettes, à tous les étages.

Mon chef d'antenne Loïc m'attend, impatient. « Alors ? » me demande-t-il en état de surexcitation. Je l'ai déjà prévenu d'une cabine téléphonique : « Je crois qu'on a un truc énorme, Lolo. C'est monstrueux ! »

Je suis heureux... Une perle, un talisman, un scoop, du jamais entendu.

Loïc écoute ma bande, au bout d'une demi-heure l'arrête, la jette à la poubelle et, me regardant droit dans les yeux, me lance froidement :

– Nous sommes une radio musicale, Jean-Luc, je veux bien qu'on diffuse des interviews de temps en temps mais là tu parles de tout sauf de musique ! C'est inexploitable pour nous ! C'est con... Bon, tu peux y aller, allez va te coucher, demain tu te lèves tôt, t'es à 6 heures derrière le micro.

Fin de l'histoire, fin du rêve, nuit blanche, le cauchemar. Comment ai-je pu me tromper à ce point ? Impossible de fermer l'œil, je repense au moindre détail, et recompte une à une le nombre de cigarettes allumées par le maître Gainsbourg en une demi-heure.

À 4 h 37, heure habituelle à laquelle se déclenche mon radio-réveil, je file direct à la station pour essayer de récupérer la précieuse interview dans la poubelle. Peine perdue, la femme de ménage est déjà passée.

Plus rien. Le néant. Seul à 5 heures du mat', j'ai des frissons… Avec ce lourd sentiment d'inachevé, de raté, mais surtout cette réelle impression d'injustice.

Mais la roue tourne. Mon père, lui, appelle ça la technique du balancier, quand ça s'en va, ça revient toujours…

Bien des années plus tard, précisément le 2 mars 1991, je suis convoqué d'urgence à TF1 et comme un signe du destin, c'est ma voix gorgée d'émotion qui annoncera, sur une bande-annonce, une émission spéciale consacrée à la mort de Serge Gainsbourg.

Grand écart facial dans le temps : en 1999 je présente « Le Grand Tralala » sur France 2.

L'émission repose sur un principe simple : des invités et des événements arrivent, le présentateur n'est au courant de rien, il doit faire avec… et

Je t'aime. Moi non plus.

improviser la suite. J'adore l'impro ! On me présente une fiche : « Jane Birkin va entrer sur le plateau, à toi de l'annoncer et l'interviewer. » Là, toutes les images remontent en une fraction de seconde.

Le moment rare que j'ai passé avec Gainsbourg est toujours aussi présent en moi, comme si je venais de réaliser son interview il y a cinq minutes. Je demande à Jane Birkin :

– Excusez-moi mais, est-ce que je pourrais vous poser une question sur Serge Gainsbourg ?

Elle se met direct sur la défensive, j'y retourne tout en douceur, comme elle.

– C'est juste pour ouvrir une petite parenthèse. Il n'y a pas eu une frustration peinture chez Gainsbourg ?

Jane est d'abord surprise par la question, mais ma demi-heure de bande partie aux oubliettes m'aura finalement permis, bien des années plus tard, de la faire sourire et s'ouvrir un peu à moi lors de cette interview improvisée…

Je n'ai plus jamais croisé l'« Ex-fan des sixties » au naturel si envoûtant, mais ce petit instant à l'accent britannique, je le garde encore chez moi, dans un coin du cadre de ma vie.

*

*   *

Retour à mes folles années radio où trois semaines après Gainsbourg, c'est Jean-Jacques Goldman que je dois interviewer dans ce même palais des Sports de Toulouse. Il cartonne avec *Quand la musique est bonne*. Même cas de figure, toutes les grandes radios sont présentes : Radio France, RMC, Sud Radio, France Bleu… Arrive mon tour.

– Monsieur Goldman, pouvez-vous juste me dire au micro : « Salut c'est Jean-Jacques Goldman sur Fun Radio » ?

Il me regarde interloqué et je lui répète en expliquant :

– Excusez-moi, mais nous sommes une radio musicale et je sais que si je vous pose des questions, elles ne seront pas diffusées… Dans la mesure où vous avez besoin de toute votre énergie pour chanter ce soir, est-ce que vous pouvez juste dire : « Salut, c'est Jean-Jacques Goldman, sur Fun Radio » ?

Je continue face au maître toutes catégories :

– Vous comprenez, j'ai fait une belle interview il y a trois semaines et ça n'a servi à rien, alors…

Il détecte ma détresse :

– Pas de problème, tu t'appelles comment ?

– Euh Jean-Luc, Jean-Luc Reichmann.

– Jean-Luc merci de ta franchise, et surtout, reste tel que tu es.

Puis il s'adresse à la sécurité :

– Ce garçon s'appelle Jean-Luc Reichmann. Il revient quand il veut !

Au moment de partir, il me demande :

– C'était qui, ta dernière interview ?

Je me retourne timidement :

– Serge Gainsbourg.

Instantanément les larmes me montent aux yeux à l'idée de tout ce que j'ai perdu…

Je n'ai pas l'interview de Gainsbourg ; pas plus que je n'aurai celle de Goldman, mais ces deux rencontres à trois semaines d'intervalle m'ont marqué au fer rouge. En fait, rien n'est jamais gagné ou perdu. D'un côté tu perds, de l'autre tu ne sais jamais ce que tu vas gagner.

Jean-Jacques Goldman… Le hasard fera que je le croiserai lors du spectacle des Enfoirés à Strasbourg où je suis convié par Véronique Colucci. En coulisses, où j'assiste avec un réel plaisir aux répétitions, je croise J.-J.G. aux toilettes ! Voisins d'urinoirs après quasi trente années, après toutes ces images ressassées… La vie n'est-elle pas merveilleusement faite ?

Dans ce contexte proche de l'extrême, je n'oserai pas me retourner ni même l'aborder pour lui rappeler… Non. Juste un petit « Bonne soirée… Euh… Bon courage… » poli, lancé au débotté devant un robinet…

To loose, to win…

Et la technique du balancier se confirme encore lorsqu'en mai 2008, le patron de RFM me demande d'animer en direct la première « RFM Party 80 » de l'Histoire, au Stade de France. De chauffeur de salle, je passe à chauffeur de stade… Cinquante mille personnes d'un coup !

Le 17 mai, plouf ! Dans le grand, le très grand bain ! Une expérience surréaliste, d'un autre temps, le temps où j'étais à Radio Cambos vingt-cinq ans plus tôt, avec tous ces artistes des années 1980. Ambiance survoltée, public en délire. Jeanne Mas n'a pas changé, toujours en rouge et noir, Émile venu sans les Images mais avec ses vieux *Démons de minuit*, Jean-Pierre Mader qui avait « dis-pa-ru » réapparaît, Jean-Luc Lahaye chantant toujours aux femmes, à toutes les femmes… *Je prends racine en toi*, et Début de soirée qui continue, jusqu'en fin de soirée, à taper taper taper ce refrain qui nous plaît… zait.

Dans les coulisses, après cette soirée de « Foooliiiie », quelqu'un me tape-tape sur l'épaule.

– T'es un bon, toi ! Tu as retourné le Stade de France !

Cet homme élégant à la stature imposante, c'est Max Guazzini, le président d'NRJ !

Je me retrouve d'un seul coup propulsé au cœur de mes débuts parisiens, quand je sonnais à toutes les portes pour trouver du travail. Au cours de ces pérégrinations, je m'étais présenté à Max Guazzini, pensant que mon passage à Fun NRJ Toulouse était un bon atout.

Je me rappelle à sa mémoire.

– Bonjour monsieur, je ne sais pas si vous vous souvenez de moi. Celui à qui vous avez dit : « Tu as l'accent toulousain ; désolé, mais ça ne va pas être possible sur notre antenne ! »

Lui :

– Alors ça, ça ne me dit rien, mais rien du tout.

Et d'ajouter :

– Comme quoi, tout le monde peut passer à côté, tout le monde peut se tromper !

Des années plus tard, je le recroiserai sur le plateau de Patrick Sébastien où je serai invité pour ma pièce de théâtre *Personne n'est parfait.* Patrick Sébastien, président du Rugby club de Brive, nous présentera et Max dira : « Oui je le connais bien sûr ! » Mais Max, président du club de rugby du Stade français à Paris, se retournera vers lui et ajoutera :

– Son seul défaut ? Il est toulousain !

Entre le rugby, où Toulouse était à l'époque champion toutes catégories, et l'accent toulousain, j'avais tout faux !

Des années plus tard, pourtant, le lendemain de la diffusion d'un épisode de *Léo Mattéï – Brigade des mineurs*, je reçois un SMS de sa part :

– Je ne pensais pas que tu pouvais être aussi bon comédien qu'animateur.

Lui qui ne m'avait jamais calculé pendant toutes ces années, j'en ai encore des frissons ! Il ne faut jamais désespérer. Un échec, un refus, une porte fermée ? Il faut continuer à avancer, on n'a pas le choix… Et le temps vous réserve parfois de bonnes surprises.

– 9 –

INTERLUDE

Je me suis toujours méfié des mots en « UDE ».

Trop rudes ou trop prudes les… Certitude, habitude, lassitude, solitude, désuétude, quiétude qui peuvent très rapidement virer en inquiétude…

– 10 –

MONACO : PARI PERDU… PARIS : GAGNÉ

Ma vie poursuit ses ondes, mais en 1986 Fun Radio doit faire quelques économies… Les postes les plus importants tombent. C'est Denis, le directeur commercial, qui se charge du sale boulot :

– Tu n'es plus dans le format, Jean-Luc. Nous sommes une radio musicale, tu te diversifies trop, tu parles trop à l'antenne.

Bref, en version sous-titrée, « tu prends trop de place » !

– En plus avec la pub, tu travailles trop par rapport aux autres…

En version sous-titrée, « tu prends la porte ».

Je reste sur le carreau. Moi qui m'étais investi comme un malade et qui avais contribué à ma petite échelle à lancer cette « Fun » Radio devenue nationale… Décidément, le *fun* n'était plus du tout au goût du jour.

Charlélie Couture chante : *Comme un avion sans ailes*… Eh bien là, moi aussi je suis sans ailes. Juste au moment où je viens d'investir toutes mes économies dans un petit appart' avenue Jean-Chaubet à Toulouse, me voilà limite déplumé.

J'appelle sans trop y croire un de mes copains, Pierre Galibert, qui officie depuis peu à Monaco, dans les locaux de RMC :

– Tu crois qu'il y aurait de la place pour moi là-bas ?

Toulouse-Monaco en moto ; cinq cent quatre-vingt-six kilomètres que j'avale sans même réfléchir en plein hiver, cinq cent quatre-vingt-six bornes d'espoir glacé, transi au guidon de mon 600 XT.

On me confie la tranche 3 heures-6 heures du mardi au vendredi sur Radio Nostalgie, et 6 heures-9 heures le samedi et le dimanche. Autant dire, les tranches où il y a le moins de monde derrière le poste et qui sont les plus difficiles pour le sommeil. Peur de ne pas se réveiller avant l'antenne, et surtout, ne plus pouvoir s'endormir après.

Cette escapade monégasque ne me sauve pas du tout du remboursement chaque mois à la banque. En tant qu'animateur radio, je gagne cinq cents francs de moins que me coûte la location du garage/cave où je loge à Roquebrune-Cap-Martin. Contraste entre soleil et sous-sol… Trouvez l'erreur. Je prête ma voix pour les jingles de plusieurs émissions. Je ne dors quasiment plus, la fatigue est trop forte.

« Insomnies, sommeil cassé, j'suis tout seul tout seul tout seul. » Je n'ai que le dimanche soir de répit, je ne peux même pas rentrer à Toulouse. Le conte de fées tourne au compte de faits.

Monaco sans couleur

Un cercle infernal… De mémoire, mes pires moments radiophoniques, professionnellement et humainement. Là pour la première fois de ma vie je suis plus isolé que jamais. Je sens vraiment que je peux tout arrêter.

Je fais pourtant des rencontres intéressantes dans les studios de Radio Monte-Carlo, boulevard Princesse-Charlotte. Nathalie André, devenue depuis directrice des Variétés et Divertissements de

France 2, Jules-Édouard Moustic, réalisateur radio fou devenu présentateur fou à Groland, Jean-Pierre Foucault devenu… Jean-Pierre Foucault.

Trop dur de résister à cette cadence, je baisse les bras, je déclare forfait, plus aucune envie de souffrir. Je prends mes cliques et mes claques avant même qu'on me demande de partir…

Une porte s'ouvre, « la porte magique de la télé »

Mon pote Olivier Debats, mon ancien voisin de tranche horaire à NRJ Toulouse, monté à Paris pour intégrer la dernière née des chaînes de télé, La Cinq, m'appelle.

– Nous sommes en train de préparer un nouveau jeu avec Michel Robbe, « La Porte magique », sur La Cinq. Si tu veux être mon assistant sur la sélection des candidats, je t'attends à Paris lundi prochain.

Je ne réfléchis pas longtemps et de Toulouse je prends directement la nationale 20, n'ayant pas un franc pour me payer l'autoroute, et arrive vingt-quatre heures plus tard au 21, rue Jean-Goujon à Paris, fief de La Cinq à l'époque, le 9 août 1987 à 9 heures du matin, paré de ma plus belle chemise à fleurs, la même, mais « remagnumisée ».

J'ignore tout du travail de casting, de sélectionneur des candidats, seule la motivation d'un nouveau métier qu'il va falloir apprendre m'obnubile.

Certes, je tombe de haut car d'animateur radio je vais devoir repartir de zéro. Ça me fait vraiment mal de laisser tomber le micro, mais je n'ai pas le choix.

Olivier m'accueille :

– Tu as vu avec qui tu as pris l'ascenseur ?

– Ben non, c'était qui ?

– Silvio Berlusconi !

– Ah bon…

Moi perso, unique objectif, comprendre et apprendre mes nouvelles fonctions.

Pas vraiment évident de s'intégrer lorsqu'on ne connaît personne, ni même le boulot pour lequel on est embauché. En guise de pochette-surprise dans le bureau mitoyen, Stéphane Collaro et Patrick Sabatier, et non loin de là, Patrick Sébastien. Tout ce petit monde de la télé est en effervescence permanente, mais je parviens tout de même à me faire un ami : le bobtail dont je rêvais gamin, celui de Patrick Sabatier. Je sympathise plus facilement avec lui qu'avec son maître très occupé, le seul échange relevant de la question pluriquotidienne sous forme d'avis de recherche : « Où est mon chien ? » Je réponds timidement par la porte entrebâillée : « Ne vous inquiétez pas, m'sieur, il est avec moi ! » Des années plus tard, comble du hasard, nous nous retrouverons en concurrence estivale, face à face, lui sur France 2 (Patrick et non son chien…), moi « Au pied du mur ».

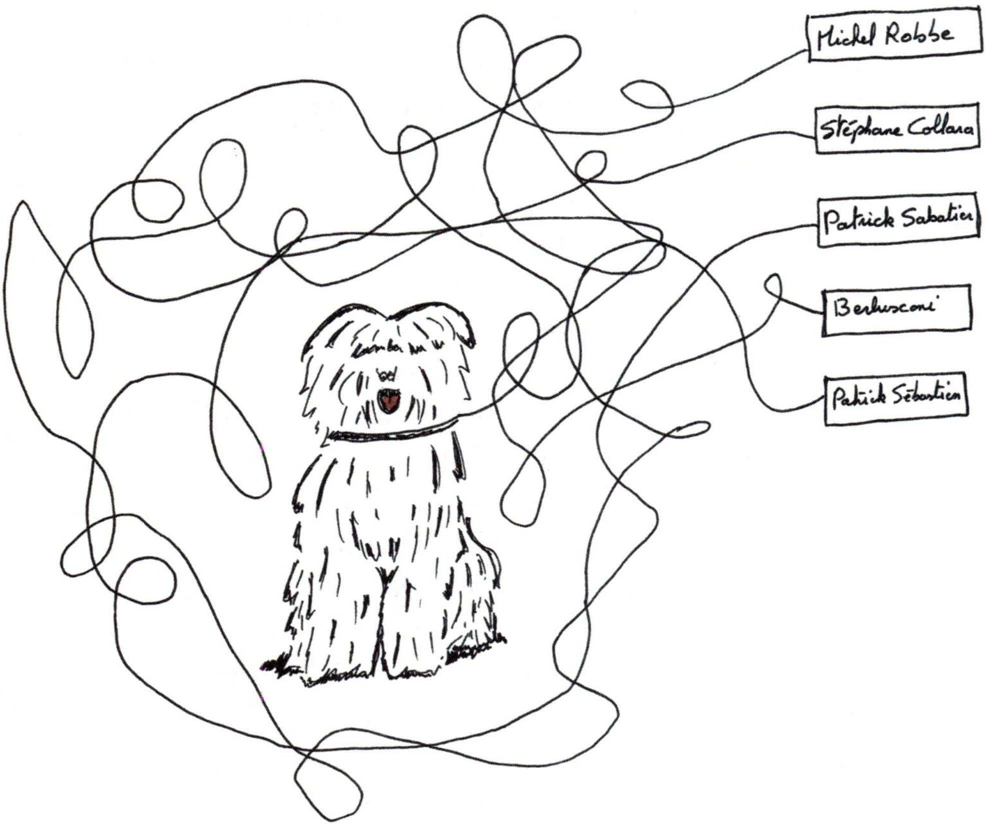

Derrière le standard, mes journées sont scandées par les appels téléphoniques de candidats potentiels pour les sélections. Je retrouve ce contact, cette effervescence… J'aime leur parler, leur raconter des histoires, les faire rire au bout du fil. Je me sens tellement bien en leur compagnie lorsqu'ils arrivent pour les sélections que la production le ressent et me demande de continuer, mais cette fois-ci sur le plateau, accompagnant les candidats jusque sous les projecteurs. C'est ainsi que sur le plateau de « La Porte magique », je deviens également chauffeur de salle[1] d'un public composé des membres des familles des candidats, c'est-à-dire maximum dix personnes à tout casser. Les rires AHAHAHAH !, les tristesses OHOHOHOH ! et les déceptions BOUUUUH ! étant samplés, mixés et remixés à la machine.

Si cette nouvelle expérience m'enthousiasme, il y a tout de même un hic. Ayant un pied-à-terre dans la grande banlieue, à cinquante kilomètres près de Marne-la-Vallée, et terminant les soirs de tournage vers 2 heures du matin… Plus de RER !

Unique solution dans ces cas-là : dormir parfois dans le bureau, me laver dans le lavabo en évitant de croiser le gardien de nuit et la femme de ménage du matin…

Et, pour éviter la honte devant mon pote Olivier, qui m'a ouvert la porte magique :

– Vas-y Olivier, rentre chez toi, t'inquiète pas, je terminerai !

A-t-il été dupe ? Nous n'en avons jamais parlé, par timidité, par respect.

Mon nouveau pote Kiri, quant à lui, installe consciencieusement les cadeaux sur le plateau jusque tard dans la nuit pour les émissions du lendemain. Ayant senti la supercherie en me voyant traîner

1. Chauffeur de salle, rien à voir avec radiateur de salle ni climatiseur de salle, mais plutôt ambianceur d'espace avant que le rouge du moteur ne soit mis.

jusqu'à pas d'heure, il m'invite plusieurs fois à dormir dans son vingt mètres carrés afin de prendre une vraie douche, avec vrai shampoing et vrai savon. Je n'oublierai jamais son heure de saxo avant de s'endormir, et son caleçon à fleurs à cinq centimètres de moi dans son Clic-Clac. Exaspération cacophonique pour les voisins, certes, mais pour moi, la joie d'avoir un nouveau copain. Kiri deviendra plus tard l'un des pionniers des auteurs du feuilleton « Plus belle la vie », comme quoi le saxo mène à tout…

C'est grâce à mon tout récent statut d'intermittent du spectacle que je me sens repousser des ailes. Je cours le cachet et, tel le Petit Poucet, sème tous azimuts mes petites cassettes de démo de voix que j'ai consciencieusement compilées. Je commence à me faire à la vieille rengaine « Vous avez un petit accent toulousain, non ? » Un accent toulousain, moi ? « Vous n'avez pas une super super voix, mais vous la travaillez bien… »

Sergio devenu le Buffalo, chef d'antenne à Skyrock, me prend à l'essai pour la nuit de Noël et celle du jour de l'an. Mais il me balance en rentrant de ses vacances :

– Ça ne va pas le faire, tu n'as pas le contact, tu n'es pas dans la couleur de voix de la station.

Voilà, j'ai servi de bouche-trou entre les fêtes, période où tout le monde est en congés, et le temps de deux réveillons pour moi, à peine commencée, la fête est terminée. Toute la misère du monde sur les épaules et surtout, empli d'un profond sentiment d'injustice, je cherche en vain une lucarne de bleu dans ce ciel empli de gris. Celle qui va m'aider à recharger les batteries, à me dire crois-y, à me redire j'y crois… Ou pas… Ou plus.

Je frappe à toutes les portes y compris à celle de RMC Paris qui me faisait tant rêver depuis mon Sud-Ouest, mais négatif, le rendez-vous se termine sans aucun espoir à l'horizon.

Pendant ce temps, l'inquiétude de ma mère à Toulouse se fait grandissante au téléphone.

– Ça va, Jean-Luc ?

– Ça va maman, t'inquiète pas je vais finir par décrocher quelque chose. Un jour ce sera peut-être…

Je l'ai appelée en sortant de RMC alors basée rue Kepler, depuis la cabine téléphonique des Champs-Élysées d'où je peux voir, juste face à moi, l'Arc de triomphe. Je lui ai sorti « Un jour ce sera peut-être… le triomphe » comme ça, parce qu'il est là juste sous mes yeux. C'est con. Je me sens con et j'éprouve un profond sentiment de honte de ne pas avoir réussi à décrocher le poste… de radio.

Au bout du fil nous faisons tous deux comme si nous y croyions encore. De toute façon, on est bien obligés… Ma voix est gorgée d'émotion, comme elle le sera quelque temps plus tard, en haut du monument, à l'occasion du bicentenaire de la Révolution.

En attendant, quand on touche le fond, il ne reste plus qu'à remonter.

Parallèlement, je vole de casting en casting, suis retenu pour interpréter des petits rôles dans des téléfilms et autres sitcoms. Une apparition en tant que tueur à cagoule dans *Navarro*, un clodo à chapeau dans *Maguy*, un gardien de but de hockey casqué dans « La Porte magique »... Bref, que des rôles masqués, chapeautés ou cagoulés.

Personne de mon entourage ne me reconnaît, sauf ma mère, toujours aussi attentive.

– Si, si je t'assure, je t'ai reconnu grâce à ta tache derrière la grille du casque de hockey !

Je ne sais pas si c'était la bonne phrase au bon moment, mais ma marque de fabrique resurgit dans la bouche de ma propre mère à un instant où je m'y attends le moins. Je ne veux même pas y prêter attention sous peine de revenir quelques années en arrière, et de ressasser inutilement alors que je dois avant tout gagner de l'argent pour trouver un appartement.

Enfin on finit par m'entrapercevoir dans *Nestor Burma* où j'interprète le rôle d'un animateur radio avec le tee-shirt du groupe de musique mythique des années 1980 Faith no More. Groupe légendaire qui prônait dans une de ses chansons : « *Je suis bon comme un dimanche matin, je veux être libre de savoir que les choses que je fais sont saines.* » Tee-shirt dont je ne me séparerai jamais (je me le suis offert sur un marché, juste avant mon ascension parisienne).

Et c'est là que mes copains me reconnaissent pour la première fois… Grâce à mon tee-shirt !

Toujours en quête de travail et de perfectionnement, je suis pris lors d'une audition de théâtre pour entrer en stage au cours Florent, dans le but de m'améliorer en expression orale certes, mais aussi pour l'expression physique, la comédie, la culture, et je m'aperçois qu'à force de courir non-stop de scènes en plateaux, j'apprends aussi énormément sur le terrain.

Nicole Covillers, productrice, et Marie-France Brière, responsable des programmes de La Cinq, m'engagent comme assistant de production dans leur nouvelle émission « Ali Baba ». Mais quelques mois plus tard j'accepte une proposition alléchante pour passer responsable des sélections de candidats sur « Mémorama » (nouveau programme de la 2), qui s'arrêtera très rapidement au bout de deux mois… Finalement c'est moi qui l'aurai dans le baba. Pas rancunières, Nicole et Marie-France me reprendront pour faire la voix off sur « La Piste de Xapatan » avec Sophie Davant, puis dans « Motus » avec l'inoxydable Thierry Beccaro dont je deviendrai le complice en faisant sa voix off pendant les mille premières émissions. Je passe de « voix off » à « voix in », prenant de plus en plus de place à l'antenne, voire trop. Je ne sais pas fermer le micro, Nicole me le fera comprendre expressément, me faisant taire définitivement, en me remplaçant… élégamment. « Motus », pour moi, n'a jamais aussi bien porté son nom.

« Le Juste Prix »… à payer !

La route est loin d'être un long fleuve tranquille quand on n'a pas les codes de ce métier. Je vais rapidement le comprendre, non sans douleur…

1988. TF1 cherchant une nouvelle voix off pour « Le Juste Prix » présenté désormais par Patrick Roy, je franchis avec succès et grande excitation toutes les étapes. Sur les deux cent postulants de départ, je figure, grâce à ma petite cassette audio, dans les cinquante, puis les dix, les cinq et enfin, ô bonheur, les deux retenus. Après avoir été responsable de sélections de candidats, c'est à mon tour d'être convoqué pour le casting final sur un plateau de la célèbre adresse au 36, rue des Alouettes, fief de la télé française ! Heureux, certes fébrile, mais tellement fier d'avoir non seulement gravi toutes les marches, mais surtout de passer par la grande porte magique de la télé à la SFP.

C'est en soixante secondes chrono que je me vois, une nouvelle fois, stoppé en plein vol.

Décidément…

« Pourquoi l'autre a-t-il eu tout son temps pour faire ses essais, et moi seulement soixante secondes montre en main ? » Je ne peux m'empêcher de ressasser cette minute de défaite tellement je suis miné. Sentiment insupportable d'injustice.

Au découragement s'ajoute la sempiternelle et cruelle question : « Quelle erreur ai-je commise ? »

Juste celle de ne pas être l'ami de l'animateur. Je l'apprendrai bien plus tard. Celui qui a été retenu ? Son meilleur copain.

Les dés étaient pipés et la partie jouée d'avance. Le provincial fraîchement débarqué que j'étais commence à entrapercevoir les rouages de la télé dont je suis si éloigné.

Je découvre les histoires de copinage et ça, ça fait mal, très mal. Et ça se confirme : au prorata, quand tu as mal, le mal fait beaucoup plus de mal que le bien fait du bien quand tu es bien. Avec cette triste interrogation : comment tracer sa route dans cette jungle lorsqu'on est un Toulousain qui n'y comprend plus rien et qui ne connaît strictement personne dans ce monde de la télé ?

Cette injustice me mine mais c'est bien plus tard que je découvrirai que l'effet boomerang existe. Treize ans exactement se sont écoulés, en 2001, lorsque « Attention à la marche ! » remplace ce monstre sacré de « Juste Prix » qui fut alors si injuste.

Étienne Mougeotte me dira, des années après :

– Ce qui m'a plu chez toi ? Trois choses. La première, tu es un passionné : tu m'as parlé de création, de faire une émission pilote mais tu ne m'as jamais parlé d'argent. La deuxième, tu m'as demandé que tes futures émissions soient sous-titrées pour les sourds et les malentendants… Et la troisième, c'est que ma mère et ses amies t'aiment beaucoup ; tu es gentil et poli avec tout le monde, sans distinction !

À ces mots, devant cet immense personnage, je serai sur un petit nuage…

Mais pour l'heure, évincé de ce casting de voix off tant convoité du « Juste Prix », je veux continuer à y croire et présente des projets télé qui me tiennent à cœur, me battant au quotidien avec les secrétaires pour obtenir des rendez-vous.

Sans succès : « Ça ne marchera jamais ! »

Progressivement, l'image paradisiaque de la télé que je m'étais forgée s'effondre.

– 11 –

LA VOIX ME MET SUR LA VOIE

En 1988, je finis par trouver un micro radio à échelle nationale, mais pas pour un poste d'animateur. Je suis pris pour faire l'habillage vocal de RFM. Consécration ultime pour le petit provincial monté à Paris : je deviens la voix, la voix des jingles, la voix off, *the voice* d'RFM !

« RFM, la Radio FM », « Les plus belles chansons d'amour sur RFM », « RFM, le meilleur des années 80 ». Oui oui, c'est bien moi, derrière mon micro gris qui dis tout ça ! eeehhh oui !

« Tu fais quoi toi dans la vie ? » Eh bien moi, je fais l'habillage, l'illustration vocale d'RFM ! Bon, c'est sûr on s'en fout mais perso, à cet instant, ça me fait super plaisir d'avoir un pied dans une radio d'une belle envergure.

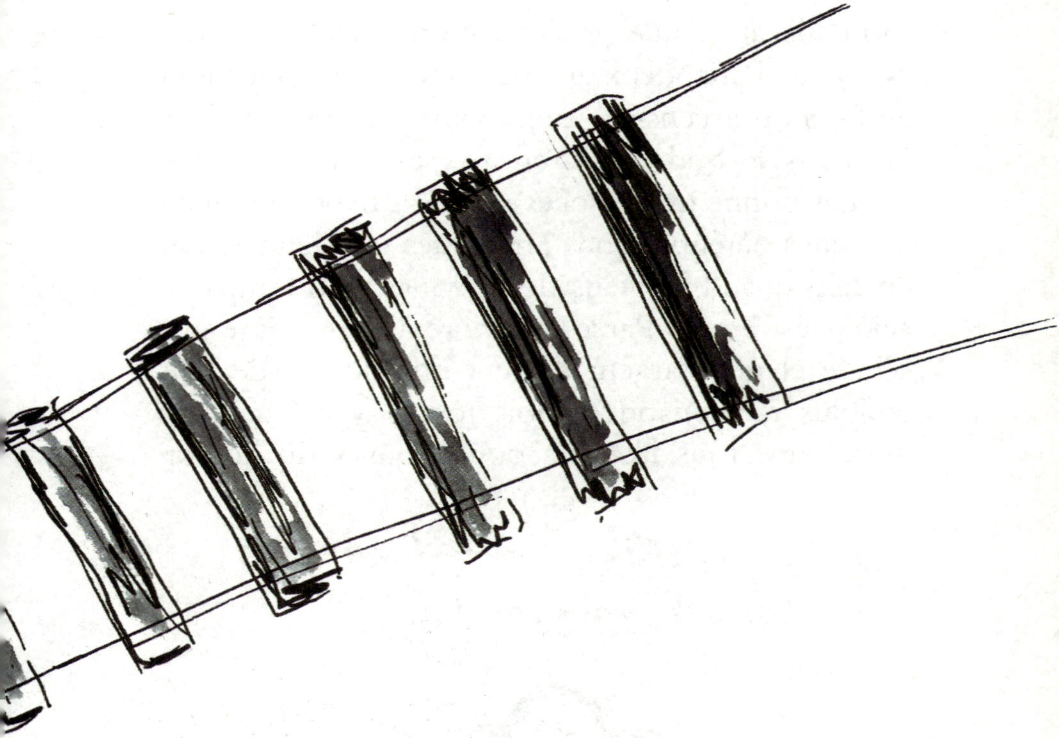

La voix me met sur la voie

Tout en courant le cachet dans la capitale[1], c'est le 20 août 1989, au lendemain de la naissance de mon fils aîné, que je signe mon premier contrat radio sur Paris, deux ans quasiment jour pour jour après mon ascension toulousaine (car même si on est dans le Sud, on « monte » à Paris), moi qui m'étais donné trois années pour y arriver en tentant quelques pérégrinations artistiques parisiennes. Car en fait, quand tu viens de province, ton temps de séjour est limité. Parce que vivre à Paris coûte une blinde et que l'argent devient une denrée de plus en plus rare quand tu dois tout payer. Tu cours donc dans tous les sens pour trouver du boulot.

1. Courir le cachet : rien à voir avec courir après un cachet d'aspirine ou courir pour chercher une pharmacie ouverte. Non, simplement un cachet correspond à un contrat de travail temporaire.

C'est ce que j'ai retenu de ces années de galère. Je bosse à la télé, à la radio, je prends des cours de théâtre en parallèle, j'écume tous les castings, je sursaute au moindre coup de fil, j'interroge cinquante fois par jour mon répondeur, je regarde toutes les deux minutes mon Kobby, prends un Bi-Bop (ancêtre des messageries et des téléphones portables, ou plutôt des cabines téléphoniques portables), un genre d'engin de guerre révolutionnaire de la télécommunication, comme le Radiocom 2000 de l'époque pesant vingt kilos à bout de bras.

Chemin faisant, ma voix commence à trouver la voie des studios de doublage. Je suis appelé pour faire un essai dans *Porco Rosso*, un dessin animé japonais dont je ne connais même pas le réalisateur, un certain Hayao Miyazaki. Je suis aux anges car je suis retenu et me retrouve convoqué un week-end pour l'enregistrement. Le jour dit, je me présente sans savoir précisément ce qui m'attend, mais dès mon arrivée, je la reçois en pleine cage thoracique... LA voix. SA voix à lui, reconnaissable entre mille.

Face à moi, Jean Reno.

Personne n'a jugé bon de me prévenir, mais c'est bel et bien avec ce monstre sacré du cinéma que je travaillerai !

Tremblant, timide à ses côtés, je découvre un comédien alliant gentillesse et humilité. Pas un instant je ne le sens jouant au professeur genre « Je vais te donner des conseils. » Il me suggère plutôt « Comment allons-nous procéder pour jouer ensemble ? » C'est l'époque du *Grand Bleu* et je suis en train de lui donner la réplique, à lui qui, à la pause déjeuner, me dit le plus simplement du monde :

– Je te garde une place à côté de moi à la cafète !

La simplicité, l'écoute, celle qui nous aide à réfléchir, mais surtout à grandir. On m'offrira par la suite une des planches originales du dessin animé que je conserverai fièrement dans ma vitrine de souvenirs.

RFM devenant de plus en plus musicale et de moins en moins vocale, je décide de quitter la radio, avant qu'on ne me remercie, afin de me lancer dans l'aventure des *Précieuses Ridicules*, une comédie musicale-rock avec un metteur en scène totalement déjanté et, à l'orchestre, des membres fous du Grand Orchestre du Splendid. Un pari complètement ouf : mettre le texte intégral de Molière en spectacle et, Smarties sur la forêt-noire, en chansons version rock. Un choix qui semble, aux yeux de tous, totalement déraisonnable au moment même où je viens d'avoir mon premier enfant… Mais à la radio, mon temps de parole à l'antenne est de plus en plus limité et il m'est impossible de rester derrière le micro uniquement pour annoncer le disque suivant. C'est pourquoi je prends le risque de partir plutôt que de m'enliser dans une insupportable répétitive réalité. Même si nous sommes vingt-cinq sur scène à rêver (chanteurs, musiciens, danseurs, comédiens, techniciens), le spectacle finira bien un jour par exploser… Eh bien non ! Le grand boom des spectacles musicaux se fera une fois que nos partenaires et producteurs financiers se seront lassés et ne voudront plus nous donner d'argent pour continuer. Notre histoire se terminera après cinq années à donner, partager, travailler… et espérer. L'explosion des comédies musicales aura lieu quelque temps plus tard, à notre grand désespoir. Nous, nous exploserons en plein vol car nous n'avions pas de tête d'affiche, c'est une leçon que je retiendrai.

Le mur de Berlin tombe… Mutti ne le verra pas

À ce désenchantement relatif du milieu professionnel vient s'ajouter une profonde solitude : ma grand-mère Mutti s'éteint, nous laissant seuls…

J'ai vingt-neuf ans. A-t-elle senti ma détresse, cette profonde tristesse ? Tout porte à me le faire croire lorsque ce 9 novembre 1989, à 11 heures, le téléphone se met à sonner… TF1 !

Hélène Toulet, responsable des bandes-annonces, est au bout du fil.

– Monsieur Reichmann, bonjour, nous venons d'apprendre la chute du mur de Berlin et nous devons faire en urgence une bande-annonce qui doit être diffusée avant le journal de 13 heures. Êtes-vous disponible immédiatement ?

Sans réfléchir ne serait-ce qu'une seconde, j'enfourche la moto. Mutti m'en a si souvent parlé, de ce mur de Berlin ! Emblématique. Ce long couloir de miradors qui s'étendait sur des kilomètres entre l'Autriche et la Tchécoslovaquie que je traversais avec mes parents pour aller la retrouver. Je nous revois dans la Ford Taunus de mon père entre Toulouse et Bratislava, serrés comme des sardines en boîte, la galerie pleine de nourriture, de café, de cadeaux en tout genre. Je me rappelle cette oppression insupportable que nous ressentions en voyant les soldats postés en haut des miradors de vingt mètres de haut qui surplombaient ce couloir sans fin. Je revois encore précisément la tenue des militaires, leurs mitraillettes pointées vers le bas… vers nous. Mutti espérait tant voir ces barrières tomber !

– Le jour où cela arrivera, Poupoune (petit nom qu'elle aimait me donner), ce sera l'ouverture entre l'Est et l'Ouest. On pourra enfin recommencer à rêver ; toutes ces injustices, tous ces sacrifices, tous ces artifices et toutes ces souffrances seront enfin terminés…

Mutti est partie avant même de voir son rêve se réaliser et finalement, je vais le vivre en direct avec elle, pour elle… Sur TF1 je fais la voix de ma première bande-annonce.

« Le mur de Berlin est tombé, retrouvez toute l'actualité dans le journal de 13 heures présenté par Jean-Pierre Pernaut… »

Paris - Berlin.
TF1
liberté

Tout se mélange dans ma tête. Les images du mur de la honte qui s'effondre sous les coups de masse, les *Feuilles mortes* qui tombent sur le piano de Mutti, et une photo, celle de mon père à l'âge de six ans, sa pancarte autour du cou… Toutes ces personnes qui après cinquante ans de séparation vont enfin avoir le bonheur de se retrouver, alors que je ressens en moi la souffrance de cette mère, ma grand-mère, séparée de son fils, mon père, parti sous ses yeux dans ces wagons plombés.

Mes copains jouaient aux petits soldats dans la cour de récré, moi je n'ai jamais pu ; mon père avait vécu cela. Voilà aussi pourquoi j'ai toujours interdit à mes fils quelque arme que ce soit, même en plastique.

Je suis à nouveau seul derrière mon micro gris, à annoncer la nouvelle de cette chute qui sera bientôt connue de tous. Un véritable tremblement de terre se propage en moi. L'émotion m'envahit.

Lorsque je reprends la moto pour rentrer dans mon nouveau chez-moi rue des Couronnes à Belleville, mes yeux sont gorgés de larmes qui ne s'arrêtent pas de couler…

C'est ainsi, rempli de souvenirs, de fragilité et de bonheur, que je passe les portes de TF1, sur un signe fort de ma grand-mère Mutti. Comme si une nouvelle page s'écrivait, alors que la sienne se tournait.

Un mur qui s'éloigne, une tour qui s'avance, la tour TF1 érigée face à moi, sans aucune meurtrière… Du moins pour l'heure je n'en vois pas.

Le téléphone commence à sonner de plus en plus. En tant qu'intermittent, je me transforme en « SOS VOIX OFF AMITIÉ BONJOUR ! ». Je deviens coursier de mes cordes vocales, je cours dans tout Paris, je n'arrête plus. On m'appelle pour faire la voix off de la série télé « Tribunal » mais aussi celle des Guignols où j'exercerai pendant plus de dix ans à Canal+ aux côtés de Nicolas Canteloup et de l'inimitable Yves Lecoq, le dinosaure des voix, spécialisé dans le « PPD ». Un jour, Yves devant animer une grosse émission de télé et ne pouvant se trouver en direct au même moment sur le plateau des « Guignols », le producteur artistique me propose de le remplacer en doublant en direct la marionnette de PPDA. C'est avec une joie indescriptible que je traverse la capitale pour aller aux Buttes-Chaumont me voir prodiguer les précieux conseils d'Yves, partager avec lui la nouvelle et m'assurer par souci d'élégance qu'il n'y voit aucun inconvénient. « Ça ira, ne t'inquiète pas », me dit-il de sa voix mi-figue mi-raisin, ayant à cet instant bien d'autres chats à fouetter.

Archi-stressé une fois à l'antenne, j'ai le ton peut-être un peu plus nasillard que le sien, mais au final, me dit-on, les téléspectateurs n'y voient que du feu. Je n'en suis pas peu fier lorsque le surlendemain Yves calme le jeu illico.

– Tu sais, ce n'était pas si super que ça, j'ai eu des réflexions de la direction, certains téléspectateurs s'étant plaints, je ne laisserai plus la main…

Première et dernière me concernant pour le direct en tant que PPDA.

Malgré cette déconvenue, je resterai pendant des années aux côtés d'Yves en tant que voix off, et je m'éclaterai tout autant, en tant qu'imitateur de l'imitateur de multiples marionnettes.

Yves est un ami. Nous le sommes restés… Amis de télé.

*

* *

En parallèle, après avoir été son chauffeur de salle et sa voix off dans « Que le meilleur gagne », je deviens la voix in (voix fort présente) de Nagui dans « N'oubliez pas votre brosse à dents, Sadan ! ». Là, je me lâche vraiment derrière le micro : « Accrochez vos belles-mères aux radiateurs, mettez vos plantes vertes dans le congélateur, ce soir vous partez à l'île Maurice ou à Lille chez Maurice grâââââce àààààà Naguiiiiiiiii !!! »

On était fous, on s'en foutait, on était jeunes, les cheveux longs, on sentait bon, mais ça… c'était avant.

Je deviens en parallèle joker radio sur RTL pendant les vacances de l'été 1995 où j'anime le jeu « Trois mots pour une chanson », puis

Patrice Blanc-Francard, directeur des programmes d'Europe 1, me propose de faire une maquette, puis deux, puis trois. C'est là que l'on invente un jeu de questions-réponses qui a pour nom de code « La famille Reichmann » et qui deviendra, après avoir été adapté à la télé des années plus tard, « Attention à la marche ! ».

Après trois essais réalisés avec les moyens du bord, Patrice me fait signer mon premier contrat sur Europe 1, en juin 1996, l'année de naissance de ma fille (décidément, à chaque contrat radio, paf ! un enfant !).

– Je voulais être sûr que tu sois présent pour la prochaine saison dans cette station, parce que tu es un bosseur, me dit-il.

C'est d'autant plus élégant de sa part de m'ouvrir la porte de la rue François-Ier qu'à cet instant, il sait pertinemment qu'il partira de cette même radio la semaine suivante…

Certes, le contrat est signé, mais si je me retrouve sur la grille d'Europe 1 le dimanche matin pendant trois heures, ma présence n'est pas vraiment souhaitée par le nouvel arrivant énervant, et donc un an plus tard me revoilà sur le banc de touche pour le motif invoqué par le patron derrière son gros cigare : « Reichmann, vous travaillez trop ! » En effet, je m'exténuais jour et nuit, à écrire, animer, imiter, produire… Mais en quoi cela pourrait-il affecter la qualité de mon travail ? L'histoire se répétait à la lettre près, comme lorsque j'avais été gentiment remercié-viré de Fun il y avait déjà des années. Allez comprendre…

*

* *

Béatrice Esposito, responsable des Variétés et Divertissements de France 2, ayant repéré mes commentaires sous forme de bulles de dessins animés sur « N'oubliez pas votre brosse à dents » sera la première à me mettre devant une caméra.

Elle demande à connaître cette voix qui la fait rire. Ce sera le début d'une véritable et longue complicité. En 1994, elle me permet de faire mes premiers essais d'animateur télé (cheveux longs et blouson de cuir) pour voir comment je passe à l'écran. Le training a lieu sur le plateau d'« Une famille en or ». J'y déclenche les rires des cadreurs qui parviennent difficilement à maîtriser les tressautements de leurs caméras. Je serai finalement retenu comme animateur pour « Les Z'amours », concept dérivé des « Mariés de l'A2 ». À l'époque, rares étaient ceux qui voulaient animer un jeu tellement c'était dévalorisant. Mais pour moi, à cet instant précis, je sens qu'une nouvelle vie commence, j'en prends conscience. Je suis heureux.

Décembre 1994. Louis Bériot, le grand patron de France 2, me convoque avenue Montaigne. S'ensuit une longue conversation dont toutes les phrases débutent par « Ben, y a qu'à… » et finissent toutes par « Ben, faut qu'on… » Chaque fois que je le croiserai, dans mon for intérieur, je le rebaptiserai : « Tiens, voilà le Grand Yaka Faucon ! » Puis c'est Carlo Freccero, conseiller artistique de la chaîne, qui prendra le relais avec son accent italien :

– Il faut commenzer « Les Z'amours » lé Zour de la Zaint-Valentin !

Quelle idée de Zénie !

Sur le tournage de la première émission des « Z'amours », la pression est énorme. Quel sera l'accueil ? Dès le lendemain de la première diffusion, je suis descendu en flamme sur Europe 1 par le chroniqueur acerbe du moment, Philippe Aubert.

– J'ai vu « Les Z'amours » sur France 2 hier midi avec un dénommé Jean-Luc Reichmann… Mimiques, cheveux longs, chaussures jaunes, il n'arrête pas de gesticuler. « Les Z'amours » à la télé avec lui, c'est sûr, ce n'est pas pour longtemps.

Seul avec la radio dans la chambre à 8 heures et demie du matin, c'est la détresse. Tout s'effondre. Assommé, écrasé, comme si j'avais reçu une boule de pétanque sur la tête, une chape de plomb sur les épaules. Mettre dix ans à essayer de construire ce qu'un chroniqueur se charge de démolir en dix secondes…

Aujourd'hui encore, si je suis à l'antenne, c'est grâce, entre autres, à la pugnacité de Béatrice Esposito qui m'a vraiment défendu à mes débuts.

Mais qui sont ces chroniqueurs ? Quelle crédibilité leur apporter ? Après plus de vingt ans de télé, j'en reste encore bouche bée.

Soit vous me prenez avec la tache, soit j'arrête !

En coulisses, le conseil qui m'est donné ?

« Si tu veux devenir le gendre idéal il faut être, paraître comme tout le monde ! » Je comprends très vite que les producteurs veulent me faire endosser un costume qui n'est pas du tout le mien. Dans ma tête, en une fraction de seconde, retour à la case départ. Exactement les mêmes mots que ceux des amies de ma mère quand j'étais enfant. Je les réentends, comme si elles étaient là, murmurer : « On ne peut pas le montrer à la télé avec ça sur le nez… »

Mon avenir audiovisuel est rapidement pris en main.

– Pour ta tache, si ça ne t'embête pas, on va la maquiller un peu, OK ?

Très gentiment et avec moult précautions verbales on m'explique que c'est pour éviter les brillances, les reflets, tous ces codes télé que je ne maîtrise pas. Je m'incline pour ne pas faire de vagues, mais au fond de moi je sens que la corde sensible n'est pas loin. Le producteur fait délicatement passer le message à sa styliste qui me demande, l'air de rien :

– Tu as déjà vu un spécialiste pour ta tache ?

Pourquoi se priver d'appuyer là où ça fait mal ? Pourquoi prendre des gants alors que l'on peut attaquer directement à mains nues ?

Déjà à l'époque, je pensais qu'en masquant ma tache sous le fond de teint, on me volait une partie de moi, de ma personnalité. Juste avant d'entrer sur le plateau, j'humectais mon index de salive afin d'ôter le maquillage sur la tache. Pour tenter de me retrouver, mais surtout, pour recommencer peu à peu à être en accord avec moi-même.

Un an plus tard, n'étant plus du tout raccord avec la prod', je balance :

– Pour moi ce n'est plus possible. Soit vous me prenez avec ma tache, soit j'arrête !

Je trouve le subterfuge, la parade, le bon mot auprès d'Yves Bigot, le nouveau patron des programmes.

– Yves, si tu avais à choisir entre des chaussures jaunes et une tache sur le nez, tu ferais quoi ? En deux mots, tu préfères que je garde les Doc jaunes aux pieds qui font tache, ou que je garde la mienne sur le nez ?

Il apprécie l'humour, il rit, j'ai gagné sa confiance.

Aujourd'hui encore, mes chaussures jaunes trônent fièrement sur le piano du salon comme un trophée, comme un symbole fort synonyme de victoire : on me prendra tel que je suis avec mes défauts et ma marque de fabrique.

Des années plus tard à la naissance de ma fille, je lui offrirai la même paire de Doc Martens jaunes (taille nouveau-né).

Petit salut au Terrien vêtu de noir qui peut faire passer des nuits blanches : « Le Hardi Sonné »

J'ai toujours beaucoup apprécié Thierry Ardisson, pour son travail, sa franchise, sa création, ses convictions, ses ambitions, son succès. L'an dernier, il m'invite sur le plateau de « Salut les Terriens ». Je suis en promotion pour le lancement de la série *Léo Mattéï – Brigade des mineurs*. Nous nous remémorons avec complicité en coulisses la période où j'étais le chauffeur de salle de Laurent Boyer dans l'émission que produisait Thierry. Une fois sur le plateau, je suis en confiance, détendu, mais sa première question tombe, comme un couperet.

– Jean-Luc Reichmann, vous avez été élu la personnalité télé préférée des Français… Ça vous fait quoi d'être le Gorbatchev de la télé française ?

Le coup de fourchette est rapide, certes inattendu et violent, mais je choisis instinctivement de m'en amuser :

– Gorbatchev avait son angiome sur le crâne, moi c'est sur le nez… Thierry, c'est vous qui me posez cette question, vous qui avez une tache sur le visage et qui la cachez par coquetterie ? La différence avec vous Thierry, c'est que la mienne certes, elle se voit, mais je l'assume totalement.

Nous nous sommes quittés avec le sourire, lui heureux d'avoir eu un contact direct et franc avec moi, terminant l'interview sur un ton très positif qui mettait en valeur mon travail plutôt que ma différence physique et moi, content d'avoir pu parler de mon combat pour les enfants, sans distinction, sans différence.

*

* *

Ma plus belle récompense après toutes ces années de télé ? Le public toujours aussi fidèle qui, lui, n'a pas fait de différence. Ma tache n'a pas fait écran. Le nez rouge du clown n'a pas masqué le sérieux du travail, et de mes envies de partage.

Une fois le spectacle terminé, le clown, lui, enlève son nez rouge… moi non. Avec le recul, je me dis que c'est peut-être à cause de cette tache qu'on ne me prenait pas au sérieux, au début. Je préférais ne pas y penser et continuer à travailler. Il faut sans cesse apprendre et essayer de comprendre. Surtout ne pas être l'auguste, le clown blanc qui se retrouve seul devant sa glace après le spectacle, se démaquillant comme moi devant la mienne, après avoir masqué ma différence avec le fond de teint de ma mère pour aller en discothèque.

Le jeu des 7 différences

Depuis mes débuts à la télé, je ne cesse de me battre pour les ressemblances, contre les différences, contre l'indifférence.

Dans mes émissions viennent des gens de tous univers et j'essaie de toujours mettre l'accent sur ce qui fait du bien et non ce qui fait du mal. Je me suis beaucoup investi sur France 2 afin que les émissions de divertissements soient sous-titrées pour les sourds et les malentendants. C'était un gros budget, mais surtout un gros défi. J'ai défendu bec et ongles l'idée de recevoir des couples de tous âges, de tous horizons, de n'importe quel pays, de n'importe quelle couleur, y compris des couples homosexuels sur les canapés des « Z'amours ». J'ai refusé de faire des émissions spéciales qui ne seraient consacrées qu'aux couples homosexuels comme il me l'était si gentiment proposé, pensant que c'était encore une fois une forme de catégorisation. Au final, après des mois de discussions avec la direction, j'ai eu la joie et la grande satisfaction, au siècle dernier, de présenter des émissions avec des couples homosexuels mêlés à des couples hétéros en duos sur canapés... Ça fait partie de mes plus beaux combats, de mes plus belles joies.

La quantité de témoignages que je reçois me réconforte, cette démarche à long terme me sécurise, dans une société où l'individualisme règne.

Jean-Luc Reichmann

Ni certitudes, ni habitudes, ni lassitude… J'ai toujours cherché à éloigner, si ce n'est à bannir de mon vocabulaire les mots en « UDE ».

Juste l'envie de rester à l'écoute et tenter de se faire la jolie vie dont on a envie.

– 12 –

DE LA COUR DE RÉCRÉATION À LA COUR DE CRÉATION

« Rajouter de la vie à ses années plutôt que des années à sa vie… »

« Ne pas perdre sa vie à essayer de la gagner… »

« Réussir dans la vie ou réussir sa vie… »

« La télé, c'est avant tout de l'expérience et de la constance… »

« Des remords d'accord, des regrets jamais. »

Que de belles phrases, que de clichés !

Ce qui est le plus motivant c'est d'initier, de provoquer les événements, les rencontres, de tenter d'accorder les personnalités, d'harmoniser les projets. Avoir des idées, les développer, mais surtout essayer de les concrétiser et de les partager, je ne cesserai de me battre pour ça. Combien de personnes autour de nous ont moult projets, milliards d'idées, toujours dans l'attente d'une réponse, combien nous disent « je préfère ne pas en parler », invoquant la superstition ou le merveilleux « C'est encore secret »…

Comment arriver à créer, à apprendre à développer, à mobiliser les troupes pour essayer de faire passer des idées ? Surtout quand on est sanguin, têtu, limite proche du colérique et quand ça ne va pas comme on veut… Apprendre à faire avec… « Faut faire avec… Faut faire avec… » Bref, arriver à tempérer les ardeurs et les humeurs pour tenter de créer et d'aller toujours plus loin. Il est vrai que certains brassent tellement d'air qu'on pourrait leur mettre une éolienne sur le bureau.

An 2000

Depuis plus de cinq ans je suis installé dans le fauteuil plus que confortable d'animateur des « Z'amours », obtenant des scores plus que sympathiques, avoisinant certains jours les 30 % de parts de marché sur la ménagère ! Cette fameuse ménagère de moins de cinquante ans avec qui je prends le petit déjeuner tous les matins à 9 h 1, trois cent soixante-cinq jours par an, et qui fait le baromètre de ma journée. Elle fait la tendance, voire elle est la sentence de toutes les régies publicitaires. Oui je l'avoue, depuis plus de vingt ans, je prends mon petit déj' le nez rivé sur le chiffre qui représente les milliers de femmes qui ont regardé la télé la veille. « ELLES », elles s'appellent l'Audimat et elles ont une incidence directe sur l'humeur, l'humour, voire les z'amours de votre journée.

Blanc radiophonique de septembre 1997 jusqu'à janvier 2000, où j'intègre RMC pour un jeu ! (Oui oui RMC… La même qui m'avait laissé comme un con au pied de l'Arc du « triomphe ».) On me fait confiance, et je présente et produis « Allô Jean-Luc » de 9 heures à 11 heures juste après Bernard Tapie qui répond quant à lui aux auditeurs de 8 h 30 à 9 heures…

Un jour, à cheval sur mon gros cube (je parle de ma moto, bien sssûûûûr !) porte de Champerret à Paris, je freine brusquement : face à moi… Moi ! Du moins ma photo, posterisée en noir et blanc sur le cul du bus juste là, sous mes yeux. Je ne savais pas que RMC avait lancé campagne. C'est la première fois que je vois mon nom sur une affiche. Ma tache grenat, gommée, a automatiquement disparu en noir et blanc et mes dents n'ont jamais été aussi blanches, plus blanches que blanches. Et le grand tout, sur le cul d'un bus !

Assez troublant, finalement, de déployer autant d'efforts dans le boulot, et de se retrouver sur l'arrière-train d'un transport en commun…

Comme dirait mon fils avec humour : « Quelle carrière ! Tout ça pour en arriver là. »

Et à propos de bus, je tombe du bus RMC cinq mois plus tard. La radio étant en perte de vitesse, la station est rachetée pour en faire une radio d'infos qui deviendra RMC Info. Pas de jeux, pas de divertissements, on ne rigole plus. Merci, au revoir Jean-Luc.

Pour éviter un vol plané, surtout ne pas rester en mode avion

En 2000… Je ne me sens plus vraiment à ma place, pensant que lorsque les autres commencent à te dire que t'es bon partout, tu dois te poser des questions, voire suspecter quelque chose. L'émission « Les Z'amours » que je présente alors est adaptée d'un concept américain « *The Newlywed Game* ». Ma seule envie : tenter de créer une émission française, ayant pour objectif d'« apprendre en s'amusant ».

J'ai toujours préféré les douches aux bains, et pour cause. À l'époque, je ne voulais déjà pas être celui qui est apparu, puis a disparu avec l'eau du bain, une émission, un programme, une série étant souvent associée à celui ou celle qui l'incarne.

Navarro, « Fa Si La Chanter », *Commissaire Moulin*, *Julie Lescaut*, « Pyramide », « Sans aucun Doute », « Le Juste Prix »… Comme aux États-Unis où l'image de la télé est tout aussi forte avec des séries comme *Columbo*, *Mentalist* ou *Dr House*… Bruno Masure dit que « la télé rend fou », et il est vrai que ce turnover permanent, cette médiatisation de notre image, sans cesse mise dans le tambour de la machine à laver médiatique, peut donner le tournis. Ce miroir, tout comme le public, si l'on n'y prend pas garde peut tuer, peut nous tuer. Dangereux donc d'être l'homme d'un seul programme. À la télé nombreux sont ceux qui sont restés sur le quai. Portés au pinacle un jour, descendus en flèche le lendemain. Cela fait mal, très mal d'être brutalement remercié après tant de bons et loyaux services. Je pense effectivement qu'on peut en mourir. Tout comme Jacques Martin. Un monstre de la télé pour laquelle il a tant donné. Être tout pendant des années et soudain, du jour au lendemain, n'être plus rien. Difficile, voire impossible à gérer… Brutal rappel à la conscience du temps qui passe, même préparé, épaules fragiles s'abstenir. Surtout qu'il faut encaisser et garder le sourire lorsque dans la rue on vous interpelle.

– Oh ! c'était tellement bien, « Midi Première ». Vous allez revenir quand à la télé, Danièle Gilbert ?

Le clou s'enfonce un peu plus. Plus dur encore au quotidien de porter sa croix.

« Quand tu montes dans l'ascenseur n'oublie pas de saluer ceux que tu croises, tu retrouveras les mêmes en descendant ! » Bon d'accord, mais dans ce métier, l'histoire est plutôt de ne pas sortir de l'ascenseur, sinon, compliqué d'y remonter. En effet, ceux qui ne sont pas encore à la télé font tout pour y entrer, ceux qui y sont font tout pour y rester : sans oublier ceux qui n'y sont plus et ont peu de chances d'y revenir.

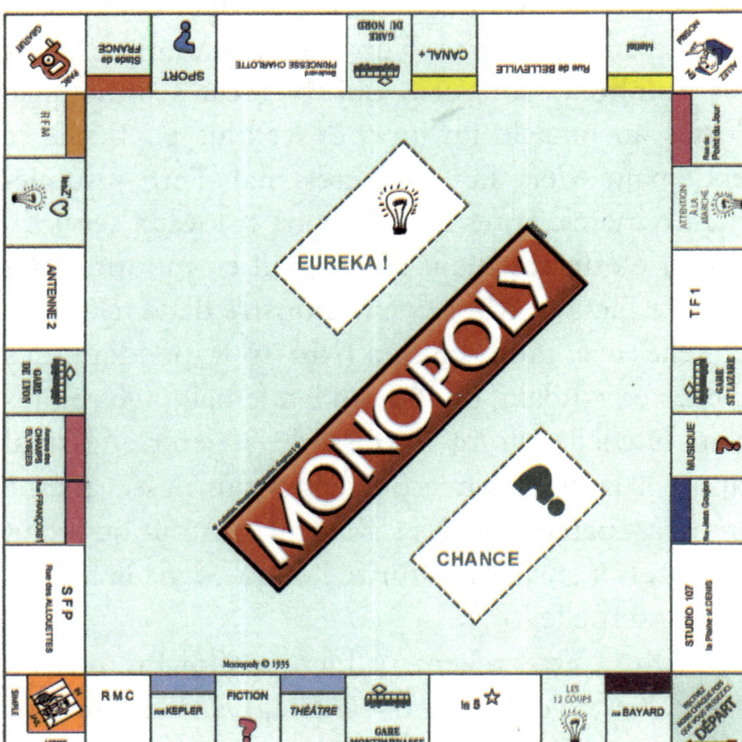

Mais ce n'est pas une raison pour courber l'échine. Car finalement, si l'on n'est que des obéissants, personne autour de vous ne se met en danger, on n'est plus dans la création.

C'est dans cet esprit que germe l'idée d'une émission-jeu que nous baptiserons « Attention à la marche ! », inspirée directement du jeu que j'anime et produis, mis en place à la radio d'abord sur Europe 1 puis sur RMC. La concurrence étant redoutable, il faut toujours avoir une longueur d'avance, je relance donc avec un brin d'inconscience France Télévisions.

– Si je n'arrive pas à vous séduire avec le concept d'« Attention à la marche ! », ce n'est pas grave, je partirai car j'y crois vraiment.

Je suis conscient, mais je ne mesure pas encore le vide sidéral qui risque de s'ensuivre… Plaisir et travail doivent être toujours intimement mêlés mais là, en simple présentateur, je ressens de moins en moins de joie, de partage avec les téléspectateurs ; mon moteur n'y est plus. Au confort d'un fauteuil bien moelleux je préfère l'aventure et le renouvellement, même si cela me réserve des nuits blanches que je ne soupçonne même pas !

Ce qui compte c'est ce qu'on fait, pas ce qu'on avait l'intention de faire. Au moins tenter de le faire, de réaliser ses rêves. On côtoie tellement de gens qui ont le futur derrière eux.

J'arrive tout joyeux avec mes idées, mais nous sommes en pleine époque où la presse tire à boulets rouges sur les « voleurs de patates », ces animateurs-producteurs qui, dit-on, s'en mettent plein les poches au détriment des programmes. Une chaîne de service public comme France 2 n'a nulle envie de revivre cet épisode avec moi mais en avril, je reviens tout de même à la charge.

– N'y a-t-il vraiment aucune possibilité de faire évoluer les choses ? Parce qu'au mois de juin sinon, je m'en irai.

Ils ne reviennent pas sur leur décision, je pense à cet instant qu'ils sont sûrs que je reviendrai sur la mienne. Mais moi, comme devant mon assiette de soupe au cresson, je ne cède pas.

C'est la mort dans l'âme que fin juin 2000, je me décide à partir. Un saut dans le vide sans parachute, sans filet. Une main devant, une main derrière, je n'ai plus rien.

L'angoisse. Plus rien… du tout. Devoir renouer avec la galère des années où je courais le cachet.

Aux yeux de tous, je ne montre pas mon inquiétude et tente de demeurer impassible. Je garde un air dilettante, alors que je sais pertinemment que des castings ont déjà été organisés derrière mon dos, sur le plateau des « Z'amours », pour me trouver un remplaçant… Voyant ma détermination à partir, ils en ont même programmé un avec ma propre équipe.

Comme quoi, même quand on est tout en haut, surtout ne rien attendre de personne et ne compter que sur soi-même. Pas un seul, même les plus proches, ceux avec qui j'avais ri, partagé, créé, n'a la délicatesse de m'en informer.

C'est un soir, par hasard, à la fin d'un tournage, que je rencontre une femme de ménage qui me dit :

– C'est bon Yan-Luck, lé plateau é propre, vous pouvéche récommencher l'émichion !

Je m'étonne et comprends très rapidement pourquoi les techniciens et la production ce jour-là restent aussi longtemps après les enregistrements…

Coup d'épée dans la vision idyllique que j'avais de la grande famille de la télévision. Depuis ce jour nous sommes tous restés amis… Amis de télé.

Ayant le vertige professionnel du « Plus rien du tout à l'horizon », au début juillet je m'inscris à un stage intensif qui me permettra d'approfondir et de me perfectionner dans l'impro. J'ai impérativement besoin de me remplir la tête d'autres choses pour continuer à apprendre, et surtout et avant tout, pour oublier. Pendant ce stage, je n'arrive pas à décrocher. J'arrive cependant très bien à réaliser une impro ayant pour thème « La Fame dé Ménache m'apprenche sans le Chavoir Oune Trè Mauvaiche Noufelle ».

Pendant des années, je continuerai à me former à l'impro avec celui qui deviendra mon nouveau meilleur ami pour la vie, Patrice. C'est d'ailleurs lui qui me fait passer les tests d'entrée et commente à l'intention de ses collaborateurs, après m'avoir fait faire quelques exercices :

– Il y a peut-être quelque chose à tirer du mec-là, celui avec la tache sur le nez… Ah bon, il fait de la télé ? Peu m'importe, c'est l'homme qui m'intéresse.

Août 2000, rupture au sein de la famille

Vacances d'été. Je me retrouve comme chaque année en famille à Quiberon pour fêter l'anniversaire de Benoît, le fils de mon frère. Cette maison de pêcheurs est un véritable nid à souvenirs, devenu au fil des décennies la vraie niche familiale. Un puits où l'on peut jeter toutes ses idées noires. Enfants, parents, neveux, nièces, filleule, nous sommes une douzaine, réunis autour de mes parents.

À l'apéro, je prends mon père à part pour lui annoncer que j'arrête « Les Z'amours ». Il m'écoute, sans dire un mot, me laisse finir de parler. *No comment*, rien ne transparaît sur son visage, nous passons à table. Je me sens presque heureux en famille, lorsque soudain il m'interpelle d'un ton sec proche du péremptoire, du bout de la table, devant tous les enfants.

– Et qu'est-ce que tu comptes faire maintenant, Jean-Luc ?

Silence, d'un seul coup tout le monde pique du nez dans son assiette.

La question est posée là, non pas devant le bol de soupe au cresson, mais entre la salade de tomates et les concombres à la crème.

Très dur retour à la réalité.

La tension de mon père est perceptible. Lui, l'enfant de la guerre qui est demeuré quasiment toute sa vie salarié dans la même boîte pour subvenir aux besoins de la famille, lui qui s'est tué à la tâche (chacun la sienne...) tous les jours au bureau et sur les routes pour que nous ne manquions de rien. Lui qui a travaillé si dur pour que ma mère puisse s'occuper à plein temps de nous et de ma petite sœur handicapée. Comment peut-il accepter une telle conduite, si irresponsable à ses yeux ?

– Jean-Luc, tu es dans le service public à la télévision, tu as un métier, tu gagnes bien ta vie, tu as des enfants à nourrir et tu arrêtes tout à quarante ans ?

En prononçant ces mots, il est livide. Moi je suis complètement vidé. On dirait que c'est le film de sa vie qui se déroule là, sous ses yeux bleus devenus délavés. Tous les sacrifices du passé refont surface, c'est la révolte de tout son être qui le submerge. Et moi, avec la sécurité de l'emploi qu'il imagine, je gâche tout sous prétexte de vouloir créer ma propre émission.

Ma mère pleure, là, devant nous tous, nous ses enfants et petits-enfants. Je suis désarçonné. Et même si je n'ai pas à me justifier, je dis :

– Écoute papa, je sens qu'il faut que j'aille plus loin, je commence à m'ennuyer et je tourne en rond. C'est ma vie. Tu as eu la tienne. Tu m'as fabriqué comme ça. J'ai besoin d'essayer de construire, de créer, je travaille en ce moment sur un projet de jeu-divertissement. Dans un an jour pour jour, pour l'anniversaire de Benoît, on se donne rendez-vous ici, autour de cette même table. J'aurai gagné ou perdu mais au moins, j'aurai essayé. Je serai en accord avec moi-même.

Il feint d'entendre mais n'écoute pas un traître mot de ce que je lui raconte. Perso, je n'ai jamais pu me laisser imposer des idées, une vie qui ne serait pas la mienne. Le coup est très violent : à cet instant où j'ai justement tant besoin de soutien, mon père ne croit pas en moi.

Sur le coup, je ne mesure pas à quel point cette décision va laisser une traînée de poudre dans la famille. Les mois qui suivront, pas une lettre, pas un coup de fil de lui. Silence radio. Mutisme total. Malgré la douleur d'un fils de plus en plus blafard face à son père de moins en moins bavard, je sens qu'il faut que j'aille au bout de mon idée. Certes, je ne veux plus me laisser dicter ma vie mais à cet instant, à quarante ans, cette liberté est très cher payée.

Je travaille comme un forcené à mon projet, je m'y attelle jour et nuit, je ne dors pas ou mal.

Mon téléphone ne sonne plus du tout, je vérifie cinquante fois par jour mon répondeur… rien sauf ma mère qui s'angoisse au bout du fil.

– Où tu en es ? Tu avances, Jean-Luc ?

– Oui maman, j'avance. Ne t'inquiète pas…

Je me revois au pied de l'Arc de triomphe dans la cabine téléphonique treize ans plus tôt. Les gens m'apostrophent sur le marché et me lancent à mon tour, comme ils l'ont fait à Danièle Gilbert au siècle dernier :

– Mais comment ça se fait, monsieur Reichmann, on ne vous voit plus à la télé ?

Toi, dans ton for intérieur, avec tout le respect que tu leur dois, tu as juste envie de leur dire à ce moment-là : « TA GUEULE ! »

Attention à la marche…

Un jour, un des directeurs des programmes de TF1 me convoque et me propose d'animer un nouveau jeu qui sera lancé à la rentrée ayant pour nom « Qui veut gagner des millions ? ». Une mécanique bien huilée, imparable, déjà rodée dans plusieurs pays et qui commence à cartonner dans le monde entier.

– Venez chez moi pour en parler ! me lance-t-il au débotté…

J'en reste bouche bée. C'est la première fois qu'un dirigeant m'invite chez lui, dans son appartement. L'ambiance y est feutrée et moi, je me sens plutôt flatté. Il m'explique le principe du jeu. Celui d'une émission ultra carrée, mais surtout ultra formatée.

Je flaire tout de suite le très bon concept, mais dans lequel je ne trouverais pas ma place. Je n'aurais pas la possibilité d'y appliquer les valeurs de partage, d'humeur, de sourire auxquelles je crois. J'enterre moi-même mon rêve de rentrer à TF1… Pour la même raison qui m'a fait quitter « Les Z'amours » et mon confort ! Accepter ce jeu, ce serait entrer dans un nouveau moule…

Décliner cette proposition en or dans ma position actuelle est une folie. Deux enfants à charge, une famille éclatée, l'ombre de mon père qui me poursuit, l'angoisse du lendemain… et comme un gros con dans mes idées fixes, dans ces instants plus que difficiles, je dis non !

*

* *

Bizarrement, devant mon acharnement, les portes finissent par s'ouvrir. C'est Étienne Mougeotte qui va m'entrebâiller la sienne. Accompagné de mon inséparable cassette-audio-démo auto-reverse dolby B, direction son bureau à TF1 où avec toute mon énergie je lui dis :

– Vous savez, ce concept a marché sur Europe 1, et sur RMC, ça peut peut-être marcher sur TF1 ?

Je lui parle bien évidemment du principe de l'émission « la Famille Reichmann », créée à la radio. D'accord c'est gonflé, mais je suis remonté à bloc, et surtout persuadé de jouer ma vie à cet instant précis.

Il demande à faire un pilote, une émission zéro de mon projet. Le plus dur arrive ! Je suis au pied du mur, j'ai le trouillomètre à zéro mais je n'ai plus le choix. La machine est en marche : je dois trouver un coproducteur.

Pour mener à bien ce projet, m'adjoindre un partenaire solide est plus qu'indispensable. Je me réserve le domaine artistique et mécanique du jeu, mais ne maîtrise pas du tout le reste.

Tour à tour, j'essuie un refus du producteur des « Z'amours », ce qui ne me dérange pas outre mesure, mais voilà maintenant que j'en subis un douloureux de mon pote Nagui.

– OK, je veux bien te produire me dit-il, mais nada pour la coproduction.

Là, ça fait mal. J'ai la boule au ventre. On a tellement travaillé ensemble, on a ri, on a partagé, mais là on ne rit plus, on ne partage pas.

Étienne Mougeotte me dit :

– Il faut que tu fasses l'équilibre entre tes envies et tes besoins.

Il me conseille de contacter de sa part les producteurs les plus en vogue sur la place de Paris à cette époque.

Qui choisir ? Il faut que je trouve la bonne équation, le juste équilibre entre mon ressenti et le professionnalisme de celui qui me permettra de concrétiser, grâce à son expérience, le projet de ma vie.

– Étienne, je vais travailler avec Hervé Hubert.

– C'est un bon choix, Jean-Luc. Il est poli.

– Pardon ?

– C'est un négociateur insupportable. Le meilleur sur la place de Paris mais surtout… il est poli !

Surréaliste mais pour lui tellement évident.

Cela me rappelle immédiatement la fois où Étienne Mougeotte m'avait confié que j'étais un bosseur passionné et que moi aussi, j'étais poli ! « Gentil et poli avec tout le monde… »

Le moral remonte. Je n'en reviens pas : je vais peut-être entrer dans la grande tour de TF1, mais pas comme en 1989 derrière le micro des bandes-annonces, cette fois-ci de l'autre côté de l'écran.

Tour TF1 : quatorzième étage. Un seul ascenseur sur les quatre y mène, celui de gauche, et moi je n'en mène pas large.

Nous entrons dans le bureau de la grande direction. De là, on peut voir tout Paris, y compris la tour Eiffel, mais pas d'Arc de triomphe…

Quelques jours plus tôt, j'ai annoncé la bonne nouvelle à mon vieil ami toulousain : Sabato. L'homme avec qui j'ai partagé mes premières animations commerciales, dans les supermarchés, en tête de gondole : « Bienvenue à Mammouth… Pendant dix minutes, moins vingt pour cent sur les tartes aux fraises ! » Le bon vieux temps de l'insouciance. J'étais fou de joie à l'idée de raconter cette grande aventure à mon pote.

Il m'a dit :

– Si tu as besoin de moi, appelle-moi pour illustrer ton concept. J'ai Powerpoint. C'est révolutionnaire, ce truc !

Aujourd'hui, au diable la route Toulouse-Paris, il est là, auprès de moi, et l'on se retrouve au quatorzième étage devant toute l'intelligentsia de TF1 aux côtés d'Étienne.

Même si je crois vraiment en ce projet, je suis superstitieux. Le tandem gagnant de mes débuts, à des années-lumière de ce moment, est de bon augure. Avec Sabato à mes côtés, c'est un peu de Toulouse qui m'accompagne, mais cette fois-ci, on n'est plus à Valence-d'Agen, c'est du plus que sérieux, pas le droit à l'erreur…

J'attaque ma présentation.

– Voilà. Cette émission s'appelle « Attention à la marche ! »… Pourquoi ? Parce que je la commence en haut d'un escalier, au milieu d'une arène où quatre candidats sont tirés au sort parmi quatre cents personnes du public. Ce qui nous permet d'éviter les castings et autres sélections. J'improviserai avec chacun, les découvrirai en même temps que les téléspectateurs. La règle est simple. C'est le plus proche de la réponse qui gagne, et le gagnant en fin d'émission se retrouve seul, à mes côtés, en haut de l'escalier.

Au rétroprojecteur « Sabato Powerpoint » assure.

Face à moi, l'assemblée, glaciale.

Ce n'est pas 37°2 le matin mais plutôt l'iceberg sous le pingouin… Je m'accroche telle une moule à son rocher. Nous passons rapidement le décor et la musique en revue.

– Allez, on commence le jeu ! s'exclame tout net Étienne Mougeotte.

Je pose une question Histoire. Visiblement, ils n'en ont rien à…

Une question Géographie : idem, voire pire…

– On entend ça dans tous les jeux, non ?

– Euh, si si…

La sueur commence à perler sur mon front, je passe plusieurs fois la langue sur mes lèvres de plus en plus sèches. J'enchaîne.

– Question comportementale ! Mortel silence… Rien. Pas un sourcil qui se lève, même plus une page qui se griffonne. La mienne est peut-être définitivement en train de se tourner.

Ne pas se contenter d'être raisonnable…

J'ai chaud, je crève de chaud. Je consulte de plus en plus vite ma liste de questions, je tourne les pages. Et soudain dans l'inconscience la plus totale, une illumination !

– Ah, j'ai une question qui, j'en suis sûr, va tous nous intéresser… À votre avis… combien de tonnes… de crottes… les moto-crottes… de Paris… ramassent-elles… par jour ?

Un ange passe, un chien passe… Un blanc passe… sur mon visage.

Ce blanc durera cinq secondes d'éternité.

J'entends encore Étienne Mougeotte marmonner dans sa gorge « RRRRRR » puis réfléchir tout haut :

– Effectivement, la question qu'il faut d'abord se poser est... Combien pèse une crotte ?

Et sa droite de renchérir :

– Ça dépend de la taille du chien !

Et sa gauche d'ajouter :

– Oui mais en même temps, il y a quand même beaucoup plus de petits chiens à Paris que de gros chiens.

Et là, je n'en crois pas mes yeux ni mes oreilles, c'est l'émulation. Ça fuse de tous les côtés, le brainstorming inespéré, la course à la réplique, le champ ouvert à la surenchère, et Sabato derrière son projo en jachère n'ayant plus rien à faire.

La première manche est gagnée.

En redescendant dans l'ascenseur, Sabato me dit :

– Tu es complètement fou.

Je lui réponds :

– À quoi ça tient tout ça ?... À une question sur les déjections canines !

Et c'est ainsi qu'est né « Attention à la marche ! ».

Samedi 10 mars 2001, midi

Après neuf mois d'absence d'antenne, neuf mois de travail intensif, accouchement donc d'« Attention à la marche ! »… Mise à l'antenne dans un premier temps les week-ends, en guise de test… Et là, ça passe ou ça casse. Neuf mois de grossesse à hauts risques pour moi, ne sachant quel bébé va naître… ou pas.

Je me retrouve ce jour-là en Bourgogne, dans cette maison qui m'a vu grandir. Petit, j'y allais souvent, c'est grâce à cet endroit que j'aime la campagne. Mon grand-père maternel y est né, dans la salle à manger, devant la cheminée. Je me suis toujours battu pour la garder, la restaurer, la faire vivre. Dès que j'avais un peu d'argent, j'y faisais des travaux pour tenter de proroger la vie que j'ai partagée ici quand j'étais petit, en famille.

Dimanche matin.

Je n'ai pas fermé l'œil de la nuit. J'attends le verdict de l'audience. Les téléspectateurs ont-ils été au rendez-vous hier midi sur TF1 ? Ai-je eu tort d'arrêter « Les Z'amours », de tout remettre en jeu, de me brouiller avec mon père, pour essayer de réaliser le rêve de créer une émission française ? Je me refais tout le film.

Je me revois encore en caleçon rouge bordeaux à carreaux, au bord de la baignoire, lorsque le téléphone retentit. Il est exactement 9 h 4 ce dimanche 10 mars 2001. Espoirs ou désespoirs ? Au bout du fil, Étienne Mougeotte.

– Jean-Luc, tu as fait 39 % de parts de marché sur les quatre ans et plus et 43 % sur la ménagère.

C'est juste énorme. Et Étienne d'ajouter :

– Jean-Luc, à partir d'aujourd'hui… Tu me tutoies.

Extraordinaire. À un moment où je suis entre la vie et la mort face au lavabo de ma salle de bain, je m'attends à tout mais pas à ça.

Question d'éducation peut-être, de respect sûrement, je n'ai jamais pu tutoyer Étienne.

Lorsque je croiserai quelque temps après Jean-Pierre (Foucault), il me dira :

– Ce que tu as fait sur « Les Z'amours », quitter un programme qui marche autant, moi je pense que je ne l'aurais jamais fait !

Jean-Pierre a toujours été délicat avec moi, et venant de lui, je le prends vraiment comme un compliment.

Quatre mois plus tard, un an jour pour jour après la confrontation avec mon père, retour à la case départ : Quiberon, au mois d'août, autour de la table familiale.

– Papa, à la rentrée, je ne ferai plus seulement les week-ends… À partir du 4 septembre, anniversaire de maman, la Sainte-Rosalie sur le calendrier, je serai à l'antenne du lundi au dimanche. Sept jours sur sept. Après treize ans d'antenne, Étienne Mougeotte a annoncé l'arrêt du « Juste Prix » dans la grille des programmes de TF1 de la rentrée… C'est « Attention à la marche ! » qui a été choisi pour le remplacer.

Mon père, vissé sur sa chaise, ne dit pas un mot : il attend de voir…

Le succès durera neuf années. L'émission va même s'exporter. C'est en 2010, la vie de la télé oblige, que nous sentons l'audience s'effriter. La fameuse ménagère…

la fameuse ménagère

« Les 12 Coups de Midi » vont sonner

Cette instabilité permanente qui donne du piment à la vie, je m'y suis fait. Être sans cesse en mouvement, ne jamais lâcher prise, anticiper pour toujours évoluer.

Nous sommes en mai, le mois des ponts. Au lieu de les faire, c'est sans doute le moment d'en franchir de nouveaux. Rendez-vous avec Nonce Paolini, successeur d'Étienne à la présidence de TF1.

Nous pensons qu'il est temps de passer à autre chose… à une nouvelle émission, une nouvelle aventure. Nous sommes tous d'accord et je sens comme un soupir de soulagement intérieur traverser la pièce dans le regard de mes interlocuteurs. Une sorte de oufff muet.

– Nous arrêterons donc à la rentrée prochaine, annonce Nonce. Le temps de préparer la suite.

Je monte au créneau.

– Je pense qu'il faut la stopper maintenant, Nonce, et peaufiner un nouveau concept pendant l'été, si nous voulons être sur de bons rails pour septembre.

Il demande :

– Mais vous n'allez même pas dire au revoir à l'antenne ?

– Pas besoin, si nous arrivons à trouver la bonne idée ensemble, nous ferons le lien direct avec les deux émissions !

– Est-ce que Virginie est au courant ?

Virginie Calmels est une guerrière extraordinairement intelligente, toujours très élégante, et surtout une vraie femme de poigne comme on les aime à la tête d'Endemol. Je me retourne vers elle, je m'excuse par avance et lui demande si je peux me permettre un mot d'animateur… Elle acquiesce d'un petit sourire, sans trop savoir à quoi s'attendre.

– Non, elle n'est pas au courant, mais vous savez Nonce, avec Virginie, ce n'est pas « Attention à la marche ! », c'est plutôt « Attention à la marge ! ».

Un souffle d'air léger passe dans l'atmosphère, Nonce a le sourire aux lèvres, Virginie se redresse sur sa chaise, esquisse un rictus, m'ayant déjà pardonné. Mais le sérieux revient très rapidement autour de l'immense table ovale lorsque Jean-François Lancelier, l'éminence grise en qui j'ai toute confiance, évoque alors un concept argentin, du nom de « *El legado* », repris par Lagaf' sous le nom de « Crésus ». Si je voulais me pencher sur le chantier, y mettre ma griffe, ma patte, mon identité, avec moi ça pourrait peut-être marcher. Je suivrai ses précieux conseils afin de tenter d'en faire une « créadaptation ».

*

* *

– Quel est le titre qui passe à la radio ?

On colle le téléphone devant les enceintes, et l'application Shazam identifie quasi instantanément la musique.

– Ben papa, regarde sur mon phôôône, c'est le dernier tube du moment !

J'adore mes enfants, je les observe, ils me font rester dans le *mood*, dans l'air du temps. Grâce à eux, je ne finirai peut-être pas vieux con. Nous sommes en pleine révolution technologique, avec ce besoin immédiat d'aller à l'info et surtout de la trouver. Je posais une quinzaine de questions dans « Attention à la marche ! », nous allons monter à soixante-dix dans la nouvelle émission… En plus, je donnerai chaque fois instantanément la réponse.

En un mois et demi, la mécanique du jeu, la musique, les décors, les candidats, les questions, la réalisation, la lumière, toute la technique est mise en place. Une machine aussi lourde à l'antenne en aussi peu de temps, du jamais-vu à la télé.

Dernier détail, comment allons-nous appeler l'émission ?

Comme je suis un gros malade de ponctualité, ma maison regorge de pendules, d'horloges, de coucous en tout genre. Lors d'un déjeuner en famille, je propose spontanément de l'appeler : « Les 12 Coups de Midi ».

– D'accord ! valide la plus petite de la maison. C'est super bien, « Le couscous de midi » !

Les six premiers mois seront difficiles mais TF1 se montre patiente, me laissant le temps de réinvestir la tranche horaire, de trouver mon rythme (quand on travaille à TF1, être leader en audience sur toutes les générations, c'est mieux…). Tous les ingrédients sont là pour que la mayonnaise prenne.

– Toi, chaque fois que tu fais quelque chose, ça marche, me dit en souriant Michel (Drucker) lorsque nous nous croisons.

J'adoooore Michel ! En fait je pense que nous remettons chaque fois tout en question, tout en jeu. Les acquis, le confort, la sécurité. Se battre tous les jours et provoquer la chance.

Mais la télé n'est pas une science exacte. Tu peux avoir le meilleur programme, au meilleur moment, déployer toute ton énergie, investir beaucoup d'argent, tu n'es jamais à l'abri d'un accident, de tours qui s'effondrent, d'un tsunami qui pousse ou d'une grosse concurrence dans l'air du temps.

Limiter les risques de se tromper et toujours avancer. Ligne de conduite à laquelle, en plus du travail, de l'acharnement et de la patience, vient s'ajouter le coup de bol… La mirabelle sur le bretzel !

Lorsque l'on me demande « Tu n'es pas trop fatigué avec tout ce boulot ? », je réponds juste que c'est mon choix et que j'ai la chance de faire ce qui me plaît avec ceux qui me plaisent. J'aurai le temps de me retourner sur le passé plus tard ou de me reposer quand je serai mort. Lorsque je dis oui, je vais jusqu'au bout. C'est un contrat que je me suis fixé avec les autres, mais surtout avec moi-même.

Une porte s'ouvre, tu entres… ou pas. Une fenêtre s'allume, tu cliques… ou pas. C'est ton choix. Et si la porte est fermée, pour l'ouvrir, il suffit parfois de mettre simplement la main sur la poignée, de faire le premier pas.

Depuis mon accident de moto, je n'ai plus envie de rater aucune minute, aucun instant.

Une seule ~~certitude~~. Non, pas de mot en UDE !

Une seule envie, être toujours au rendez-vous de l'instant présent.

– 13 –

TÉLÉ ON / OFF…

Je ne me lasse pas, même après toutes ces années, de partager et d'échanger avec les candidats qui, eux, continuent toujours de me surprendre…

Ci-joint quelques exemples de réponses sous forme de collier composé de jolies perles.

« Quand on va se faire une toile, c'est qu'on veut aller au… ? » Réponse du candidat : « … Aux toilettes ! »

« Saint-Exupéry a écrit *Le Petit Prince*, ou l'autre ? »… « Ben non, je vais choisir l'autre, *Le Petit Prince*, ce sont des biscuits chocolatés, alors… »

« Qui est le compagnon sourd et muet qui accompagne Zorro dans toutes ses aventures ? » Réponse : « Zorette ! »

« Quelle est la femme la plus riche de France ? »… « France Gall » !

« Quel est le pluriel de monsieur ? »… « Madame ! »

« Comment s'appelle l'oncle aux cheveux blancs et au chapeau étoilé symbolisant les États-Unis ? »… « L'Oncle Ben's ! » (Au lieu de l'oncle Sam.)

« Dans sa propre langue, comment Shakespeare disait-il : "Être ou ne pas être" ? »… Réponse du candidat : « Telle est la question ! »

« Qu'est-ce qui vole par-dessus l'étang selon une chanson de Michel Delpech ? »… « Des lapins… »

« Comment s'appelle l'habitation dans le roman de l'oncle Tom ? »… « La petite maison dans la prairie ! »

« Alors madame, si vous gagnez les vingt mille euros, que faites-vous ? »… « Je change la voiture, je refais le papier peint, et je me refais faire les seins ! »

« Le gland est le fruit du… » « Glantier ! »

« Quel est votre présentateur météo préféré ? » Réponse très spontanée du candidat : « Sans aucune hésitation, Évelyne Dhéliat ! » Et de rajouter : « Après toutes ces années de télé, elle est vraiment intacte ! »

«Qui a remis au goût du jour les Jeux olympiques modernes?» Réponse: «Guy Lux»!

Coquines et fatales…

Je me revois également poser une question « coquine » à un couple dans l'émission des « Z'amours » :

– Quel est l'endroit le plus chaud où vous ayez fait l'amour ?

Réponse de monsieur se redressant sur le canapé, un brin de fierté dans le trémolo de sa voix : « Sur la table de la cuisine… »

Madame est de retour des coulisses, la même question lui est posée : Réflexion, hésitation, sourire en coin, elle regarde d'un petit air complice son mari puis le rose aux joues balance d'un air timide : « Euh… ben… dans l'anus ! »

Toujours dans « Les Z'amours », cette émission où j'interroge en plateau un couple, parents de quatre enfants. Ils semblent éperdument amoureux, madame est toute pimpante, plutôt jolie, monsieur fier de sa femme, ils ne cessent de s'embrasser, de s'enlacer, rient ensemble avec une telle complicité… Le soir venu, après le tournage, lorsque j'irai récupérer ma moto sur le parking, je retrouverai l'épouse de monsieur, seins nus, m'attendant au volant de sa voiture pour me proposer l'improbable improposable !

Des dizaines, des centaines d'histoires me sont arrivées depuis que je travaille à la télé.

Un jour, alors que j'anime ces mêmes « Z'amours », je suis convoqué à France 2 (ce qui ne m'était jamais arrivé) par la Grande Direction.

– Il s'est passé quelque chose de grave hier dans votre émission, Jean-Luc…

Je suis à la fois surpris, intrigué et complètement terrorisé. Dès que l'on prononce mon prénom comme ça, je me revois sur les bancs de l'école… Jusqu'à ce qu'on m'explique :

– Une dame nous a appelés… Hier, l'un de ses deux enfants lui a dit : « Maman, maman, regarde sur le canapé des Z'amours de Jean-Luc, c'est papa à la télé avec une dame ! »

Le papa en question avait disparu des écrans radar, et était recherché par toutes les polices depuis deux ans. Il était tout simplement parti de chez lui, prétextant aller chercher une baguette, et n'était jamais revenu, délaissant définitivement femme et enfants ! Quelle idée lui était passée par la tête pour qu'il vienne faire « Les Z'amours » à la télévision ?

À la suite de mon entrevue pour cette émission qui fit le buzz dans les couloirs de La 2, je croise un ado, casquette à l'envers, à la sortie de France Télévisions.

– Hé ! Tu fais partie des bouffons de la télé, toi. Ouaiiiis ! C'est toi qui fais les « Zed' d'Amours » ! Z'êtes rigolos avec vos histoires de couples, qu'est-ce que vous m'faites bien rigoler !

Sur le moment, je lui souris d'un air complice, mais suite à cette histoire qui m'a laissé une trace indélébile, au fond de moi le mal-être se fait sentir. Ce jour-là, je prends vraiment conscience de l'impact que peut avoir la télévision, mais surtout jusqu'où les gens sont prêts à aller pour passer à la télé.

Autre incident, notoire cette fois-ci, mais dans « Attention à la marche ! » : un candidat nous fait un show extraordinaire en plateau sous les yeux de sa compagne qui l'applaudit à tout rompre face à un public en délire devant tant de témoignages d'amour.

– Je suis venu avec la femme que j'aime, et nous avons des nuits de dingues !

Je reste perplexe devant une telle exposition de faits sous les caméras.

À la fameuuuuse « Question co… Question in… Question coquine » : « Dans vos rapports amoureux, vous vous sentez plus Victor, ou plus Sauvage ? », il répond instantanément sans même me laisser le temps de finir l'intitulé : « SAUVAGE, Jean-Luc ! », et d'ajouter fièrement :

– Vous verriez comme elle est heureuse quand je lui fais le grand saut de l'armoire normande !

Moi, limite gêné, « Euh… Pardon ? »

– Voyons Jean-Luc, vous ne connaissez pas le coup de l'armoire normande ? Elle m'attend sur le lit, je monte sur l'escabeau, je me mets sur l'armoire et je lui saute dessus !

Les spectateurs hurlent de rire, les caméras tremblent, ayant du mal à faire le point tant la situation est irrésistible. Dans son élan, et porté par la foule, l'amoureux en rajoute des tonnes :

– On a pété le lit, on a cassé les lattes, c'était comment dire ? Merveilleux ! Fantastique ! Fabuleux ! Je dirais même… Fantabuleux, Jean-Luc ! On est si heureux ensemble ! J'en profite pour le lui dire devant la France entière : « C'est toi que j'aime mon amour, depuis le premier jour ! »

Il s'enflamme, il a les larmes aux yeux. Sa compagne est rayonnante, elle n'a certainement jamais été aussi heureuse devant tant de témoignages amoureux.

Pourtant dès le lendemain de l'enregistrement, le même candidat appelle la production et déclare tout net :

– Je ne veux absolument pas que cette émission soit diffusée !

– Impossible monsieur, c'est dans la boîte. Vous savez, il y a cent cinquante techniciens qui travaillent sur cette émission, ça représente un coût énorme. C'était un extraordinaire moment, vous nous avez fait rire, on s'est tous amusés comme des fous, votre femme est fantastique, c'était vraiment une bonne émission.

Et lui de rétorquer sèchement :

– Ce n'est pas ma femme.

Silence complet à l'autre bout du fil, on ne rit plus du tout.

– C'est ma maîtresse ! C'était pour moi le seul moyen de lui dire que je l'aimais, mais je suis marié avec une autre. Je ne veux pas que mes enfants voient ça à la télé ! J'étais sous l'emprise des sunlights, l'ivresse des caméras, je ne savais plus ce que je disais.

Il a porté plainte, la police est venue dans les bureaux visionner les images, il nous a menacés, scandant que nous étions en train de détruire sa vie !

L'émission a finalement été diffusée mais nous avons été obligés de couper tous ses passages au montage, les plus amusants, les plus amoureux, les plus hallucinants. Un enfer.

Je repense aussi à cette jolie candidate championne, maître de Midi dans « Les 12 Coups de Midi », qui participe successivement à des dizaines d'émissions, et y annonce chaque jour le mariage début juillet de sa fille. Sa participation lui permettra de lui payer « Le » mariage de ses rêves. Elle est allée jusqu'à me donner le carton d'invitation en pleine émission, nous en parlons tous les jours sur le plateau. Mais… Parce qu'il y a un mais, le futur marié prend peur et au final, renonce au dernier moment… Mariage annulé. Elle nous demande expressément de remonter, de découper les trente-six émissions pour que rien ne paraisse à l'antenne… Des heures de remontage, des découpages dans tous les sens, à la diffusion il n'y paraîtra rien.

Et que dire de ma stupéfaction lorsqu'une autre candidate des « 12 Coups de Midi » me demande avant que l'émission ne commence :

– J'ai trois enfants mais mon gendre a tué ma fille, est-ce qu'on doit en parler dans la présentation ?

No comment.

Graines de champions

La plupart du temps, en plateau, je découvre de vraies sensibilités, de réelles complicités avec les candidats. Comme dans « Les 12 Coups de Midi » avec Pierre-Marie, venu de l'Aveyron. Avé son petit akssssang du Sud-Ouest, il a un tel niveau de culture qu'après sa participation, la rédaction finit par me demander de l'engager comme auteur-rédacteur pour préparer les questions du jeu ! Il recherchait un boulot… Cela fait plus de cinq ans qu'il travaille avec nous. Son plus grand regret aujourd'hui est de ne plus pouvoir participer à l'émission et se mesurer aux autres grands champions, puisqu'il fait partie de la production.

Il y a aussi le premier des plus grands maîtres de Midi, Alexandre, dit « Alexandre le Grand », qui détient le record absolu de gains avec 417 828 euros ! Pour ses adversaires, impossible de le faire tomber tant il avait de connaissances tous domaines confondus, et pour moi de l'oublier tant il est sympa. Ensemble nous imitons Jerry Lewis face à sa machine à écrire et les petits vieux du « Muppet Show ». Tellement proche que l'on pourrait s'en faire un ami.

Le jeu des 7 familles.

Lucia, elle, restera soixante-treize émissions qui lui permettront, avec ce qu'elle a gagné, de déménager mais surtout d'emmener toute sa petite famille, neveux et nièces compris, sur la terre de ses ancêtres au Cap-Vert. C'est la seule candidate, de tous les jeux télé que j'ai pu présenter, qui a partagé un jour ses gains avec une jeune candidate dans le besoin. Suffisamment rare pour le préciser… Elle décidera de ne plus être médiatisée, c'est son choix, respect.

Les gains de l'émission permettront à Schtroumphy (un autre candidat fort cultivé, très sympa et toujours fidèle) de prendre le temps d'écrire et de trouver un éditeur… De beaux et nombreux rêves se sont concrétisés grâce aux milliers d'émissions présentées !

Quant à Xavier, vingt-quatre ans au tournage de l'émission, c'est le seul, après soixante-seize participations, à décider de son plein gré et avec beaucoup d'élégance d'arrêter le jeu en cours de route.

– Vous savez Jean-Luc, je vais privilégier ma vie professionnelle, je viens de décrocher mon premier emploi… un poste d'ingénieur.

Pour lui « Les 12 Coups de Midi », ce n'était pas la vraie vie… Il voulait juste, comme un grand sportif, battre le record de participations, voilà tout. Il est jeune, pourrait être mon fils. Il a les mêmes cheveux longs que moi à son âge… Troublant. Le seul à stopper son ascension vertigineuse en pleine gloire, à la surprise générale… Il m'en a fait pleurer sur le plateau devant le public. J'en ai encore des frissons… Plus tard, nous partagerons un moment fort en émotion sur le plateau de «Qui veut gagner des millions» en jouant pour l'association SOS Addictions. Un souvenir qui fait date car c'est la première fois qu'on a osé parler de ce sujet tabou à une heure de grande écoute à la télé: l'addiction à l'alcool, aux cigarettes, à toutes les drogues y compris à celle des écrans.

Dans un tout autre genre, Sylvain (du Gers) m'a beaucoup ému. Assumant totalement ses rondeurs à l'antenne, il s'est engagé du jour au lendemain, devant les caméras, à perdre quarante kilos ! Il restera soixante-quinze émissions, son talent de chanteur et son expérience à nos côtés lui vaudront une reconnaissance médiatique indiscutable.

Quant à Bruno, il est, pour l'heure, le recordman des participations. Comédien, une épouse metteur en scène, il est à la fois un trublion et un véritable puits de connaissances. Celui que l'on a surnommé « L'Étoile du Nord » sera détrôné en laissant le précieux sésame après quatre-vingts participations.

Certes ils sont tous venus me voir jouer au théâtre de La Michodière, mais je ne revois aucun d'entre eux en dehors des caméras. Des familles de « maîtres de Midi » se sont créées et organisent même des barbecues en début d'été auxquels je suis systématiquement convié. À regret, je décline l'invitation... J'essaie de garder cette ligne de conduite :

ne pas franchir ce cap pour ne pas être taxé de favoritisme ou de copinage. Je tente d'être le plus impartial possible : je ne désire pas connaître les questions avant les tournages car j'aime avoir ce sentiment de jouer et de tout découvrir en même temps que les téléspectateurs et que les candidats.

Les tricheurs

Dans les jeux télé, nombreux sont aussi les candidats qui tentent de tricher.

Et chacun y va de sa petite technique. Mais à force de pratique, n'étant pas un lapin de trois semaines, j'en découvre tous les jours, appréciant au quotidien leurs trésors d'ingéniosité… Ou pas.

Exemple à l'époque des « Z'amours ». À chaque réponse proposée, je m'aperçois que le couple choisit toujours celle dont la première lettre est la plus proche de A dans l'alphabet. S'il y a trois réponses à la question posée :

« Dans la vie quotidienne votre conjoint est…

• Aspirateur (il a toujours le chiffon à la main).

• Bricoleur (toujours dans le garage, la clef de douze à la main).

• Râleur (allongé dans le canapé à toujours tout critiquer). »

… la réponse de monsieur, même s'il n'a jamais touché un chiffon de sa vie, sera automatiquement la réponse A avec le A de Aspirateur.

Je m'aperçois que d'autres sélectionnent toujours, quoi qu'il arrive, la réponse B proposée. Et argumentent !... Jusqu'à ce que je les déstabilise en inversant les réponses A, B et C lorsque les maris reviennent sur les canapés. Ça tourne parfois au vaudeville dans les couples ! À force d'avoir tout faux, un mari finit par lâcher à sa femme : « Mais ce n'était pas du tout ce qu'on avait prévu de répondre ! »

Tout simplement MA-GNI-FIQUE !

Certains même fonctionnent par mots-clefs. Exemple : Qu'est-ce que vous mangez le soir ? Mot-clef, « soupe ».

– Quel est le plat que vous... « Soupe ! »

– Quel est, dans votre couple, le porte-bonheur qui... « Une soupière ! »

– Quel est, à votre mariage, le cadeau qui... « La soupière de la grand-mère ! »

– Ce qui vous ferait le plus plaisir de... « Une soupière en étain ! »

Le mot « soupe » dérivant en « soupière » reviendra plus de dix fois ! Le couple en question perd mais, sentant que j'avais mis le doigt dans la soupe pendant l'émission, il m'enverra quelques semaines plus tard une magnifique soupière en étain, version miniature, que j'ai gardée précieusement dans ma boîte à souvenirs.

Dans les débuts d'« Attention à la marche ! » la règle était : le plus proche de la réponse gagne. Dans la première manche, quatre candidats, une question. « Sur cent femmes, combien ont déclaré avoir déjà trompé leur conjoint ? » Les quatre se regardent, la première candidate dit : « Moi ça m'est déjà arrivé, je réponds 63 %. » La deuxième dit : « Il y a une différence entre celles qui le déclarent et celles qui le font vraiment, je réponds 12 %. » Le troisième, qui est un candidat, dit : « C'est la question "coquine"... je réponds 69 ! » Et enfin le quatrième dit tout haut : « Moi je vais me caler entre "le coup de 12" et "le 69"... »

Moralité :

1. On a fait mettre des télécommandes à tout le monde pour éviter que le troisième et le quatrième se calent entre les réponses des deux premiers pour ne jamais être éliminés.

2. Interdit de répondre « soixante-neuf » pour éviter tout sous-entendu libidineux, toute lourdeur intempestive et répétitive.

3. Vérification systématique auprès des instituts de sondage entre ce que les personnes sondées déclarent et ce qu'elles font vraiment.

Les candidats ont aussi le pouvoir de vous remettre l'ego à sa juste place en moins de temps qu'il ne faut pour le dire. Exemple dans « Les 12 Coups de Midi », un candidat me déclare, admiratif :

– Vous êtes un monument historique de la télé, Jean-Pierre !

Énorme blanc, crise de rire. Je regarde sous mes pieds.

– Apparemment, toujours pas la flamme du Soldat inconnu entre les jambes !

Poin Poin Poin Poin…

Et que répondre à cette dame âgée qui me complimente spontanément dans la rue ? « Qu'est-ce qu'elle est bien votre émission de L'étoilé de midi du Paradis qui brille tous les midis ! » Dans le jeu, en effet, il faut découvrir l'Étoile mystérieuse… Je deviens donc illico à ses yeux l'animateur de télé qui remet des étoiles à un grand chef étoilé.

Au quotidien, il faut trouver la bonne repartie et surtout, et c'est bien là le principal…

Être sérieux sans se prendre au sérieux

Je comprends très vite que tout ce qui sort de ma bouche peut être déformé, transformé et retenu contre moi. Je le découvre à mes dépens le jour où, tentant un jeu de mots sans finesse dans l'émission « Les Z'amours », je lance sans réfléchir, suite à un jingle passé au débotté en régie, un « Youpi Youpi Youpi Youpin » très mal à propos, et qui n'est pas coupé au montage. Cela me vaudra une avalanche de critiques acerbes, une interview au vitriol de Thierry Ardisson, suivie de mes excuses publiques devant les caméras de France 2. Ironie du sort pour moi qui ai eu un grand-père juif et dont le père, enfant juif, a dû se cacher pendant toute la guerre… Depuis ce jour, inutile de dire que j'ai retenu la leçon : ces mots prononcés sans aucune arrière-pensée peuvent tellement blesser…

Le revers de la célébrité télévisuelle, c'est que l'on cherche toujours, derrière votre gentillesse, votre professionnalisme, vos qualités, à savoir qui vous êtes vraiment. Et en général, c'est pour prouver qu'en réalité, vous n'êtes pas si bien que ça !

Par exemple, pourquoi toujours vouloir que nous soyons à couteaux tirés, Nagui et moi ? Nagui est le premier à m'avoir fait confiance derrière le micro en me laissant carte blanche. Pendant cinq ans j'ai travaillé à ses côtés comme chauffeur de salle dans « Que le meilleur gagne », puis comme voix off dans « N'oubliez pas votre brosse à dents ». Nous avons passé des moments extraordinaires ensemble, y compris lorsqu'il nous emmenait en voyage avec ses équipes… Tout comme dans l'émission, nous prenions l'avion sans en connaître la destination, emportant juste avec nous… notre fameuse « brosse à dents Sadan ». Nous atterrissions une année en Tunisie, puis une autre en Israël, et sommes même allés jusqu'au Canada ! Des périodes de plaisir, de complicité, de générosité, de décompression et de détente absolue qui nous permettaient de lâcher prise, nous qui n'avons jamais compté nos heures tellement on s'éclatait.

Mais les journalistes veulent à chaque fois nous mettre en compétition ! Alors avec Nagui, on prend l'exemple de Federer et Nadal, de Prost et Senna, de Boule et Bill, un coup c'est lui, un coup c'est moi… mais surtout, j'ai beaucoup de respect pour le « NAG », le surnom du Boss qui est avant tout un énorme bosseur, et qui m'a laissé micro ouvert sur « N'oubliez pas votre brosse à dents… Sadan ».

Quelques années après la « Brosse à dents », lorsque j'anime « Attention à la marche ! », je tourne en même temps le téléfilm *Le Monde est petit* et suis aux commandes de la matinale de RFM de 6 heures à 9 heures. À chaque début de tournage, le régisseur plateau vient me chercher dans ma loge. Cent kilos d'énergie et un look d'enfer : tatouages, queue de cheval, grand fan de rock metal.

Pour lui qui est un vrai travailleur, je ne suis qu'un animateur, ce genre de personne assistée qui n'a qu'à lever le petit doigt pour que tout arrive. Jusqu'au jour où il m'entend en direct à 6 heures du matin sur RFM et se rend compte que je me lève à 4 h 37 tous les jours. À partir de cet instant, son regard sur moi change. À la sortie de l'enregistrement, pour la première fois il me demande :

– Ça va ? Pas trop fatigué ? Ça te fait combien d'heures de boulot par jour tout ça ?

Je lui réponds :

– Fatigué ? On aura le temps de se reposer quand on sera mort !

On en rigole tous les deux et depuis ce jour, plus personne ne parle de fatigue sur les plateaux.

Merveilleux instants de complicité avec les équipes dont certains sont fidèles depuis plus de vingt ans… Un réel plaisir pour eux d'un côté de la caméra, pour moi de l'autre, de partager le soir dans ma loge, autour d'un verre, ces moments souvent surnaturels vécus pendant la journée où je suis parfois resté jusqu'à dix heures debout. Ma loge dont la porte est toujours ouverte et le frigo plein de boissons regorge de dessins d'enfants et autres portraits en tout genre (pas vraiment à mon avantage) mais également de cadeaux tous aussi, comment dirais-je… tous aussi… les uns que les autres ! En fait, c'est dans cette ambiance conviviale que je me sens bien.

Plus j'avance dans cette passion devenue au fil du temps mon métier, plus je prends conscience que les paillettes, les sorties, l'alcool, les divers artifices et autres drogues appartiennent à un monde qui n'est pas du tout le mien. Même si cela me met parfois en porte-à-faux. Effectivement au cours de soirées parisiennes branchées, dans la mesure où je n'ai jamais touché à une quelconque substance et que je bois très peu, je m'ennuie vite et deviens presque un étranger, un intrus. C'est au cours de ce genre de soirées que Jean-Luc Delarue a dû se faire piéger ; tant de talent, d'intelligence, de ferveur, pour hélas, au final… Il m'avait invité plusieurs fois dans ses émissions pour témoigner sur mes diverses tranches de vie. Depuis nos débuts nous nous étions souvent croisés sans jamais trop nous arrêter, mais avec toujours beaucoup de respect.

Oui c'est vrai, je pense que dans le boulot, je suis un vrai chieur

Ce qui peut finir par être insupportable, côté coulisses, et c'est ma faute, c'est la recherche permanente du perfectionnisme. Ni industriel ni financier, je me considère plus comme un artisan. Et je pense que ce qui l'a toujours emporté, pour moi, c'est l'amour du travail bien fait. Celui qui peut nous rendre malades par excès, par souci du détail poussé à l'extrême. Insupportable pour moi mais encore plus pour mon entourage. J'avoue avoir beaucoup de mal à décrocher. Dans les émissions on me reproche souvent de vouloir tout chécker dans les moindres détails.

Ainsi, au début d'« Attention à la marche ! », je voulais pouvoir parler en plateau avec des « petits potes » fictifs, en 2D ou 3D, comme le faisait le ramoneur dans le dessin animé *Mary Poppins.*

On m'a dit instantanément « C'est im-po-ssible ! » Je suis allé voir un spécialiste, puis deux, puis trois...

– Ils ont essayé aux États-Unis, c'est techniquement impossible...

Ah bon... Ils ont essayé ? Pourquoi n'y sont-ils pas arrivés ? Pourquoi ? Dis papa pourquoi ? Pourquoi tu dis ça ? Mais pourquoi tu demandes ça ?

Neuf mois plus tard, les petits potes ont fini à l'écran à mes côtés. Comme quoi quand on a une idée fixe, quand on désire à tout prix quelque chose, surtout ne jamais rien lâcher.

Généralement, deux jours avant de tourner une nouvelle session d'émissions, le leitmotiv est : « Surprenez-vous mais surtout, éclatez-vous ! » Le jeu est prétexte à donner du bonheur aux autres, mais ce qui fait peur, c'est la répétitivité, le quotidien pour les téléspectateurs qui vont revenir nous voir demain, alors qu'ils sont déjà venus des milliers de fois. Qu'est-ce qu'ils vont avoir envie de regarder au moment où l'émission sera diffusée ?... Mystère ! Il est vrai que se projeter dans le temps à la télé n'est pas un exercice naturel.

En plus, mon perfectionnisme exacerbé, proche de l'intransigeance, peut très vite énerver. Je ne me pardonne rien, je travaille les défauts jusqu'aux moindres détails de tics de langage à l'antenne :

ces « En fait », « Effectivement », « Du coup » ou autre « Qui plus est », ou « Vous voyez ce que je veux dire »...

Aujourd'hui, cette observation permanente se met en marche automatiquement. Ayant travaillé à tous les postes, à tous les étages de la production depuis bientôt trente ans (chauffeur de salle, écriture de textes, élaboration de conducteurs, de concepts d'émissions, de mécaniques de jeu, porteur de cafés...), toutes ces expériences donnent peut-être le recul nécessaire pour continuer à avancer.

Finalement, comme l'a dit Jacques Brel dans « Radioscopie » à Jacques Chancel lors de sa dernière interview : « Le talent s'enracine dans le travail. »

– 14 –

DANS LE GRAND BAIN DE LA TÉLÉ

On entend beaucoup parler de la grande famille de la télévision, et certes nous sommes tous amis, mais en ce qui me concerne, nous ne nous fréquentons que très peu. C'est rigolo, en dehors des plateaux, c'est comme si nous étions de simples « collègues de boulot ». Rivalités inconscientes ou conflits d'intérêts sous-jacents…

Les amis de télé ne sont pas nombreux à répondre aux SMS. J'en suis triste mais ça fait partie du jeu. C'est le jeu de la vie, le jeu de la télé, c'est le jeu de la vie de la télé. Après des années, tu relativises, tu « désentimentalises ».

En revanche, Michel Drucker a toujours été bienveillant avec moi. Michel, exemple même de la figure qui traverse le temps, les siècles, avec la même envie.

Pendant dix ans je suis la voix des bandes-annonces de TF1 : « Chaque lundi, à 20 h 50 sur TF1, retrouvez Michel Drucker dans "Stars 90". » Nous nous sommes rencontrés au détour d'un studio. Je vois arriver un lévrier… puis monsieur Drucker à l'autre bout de la laisse !

Il me demande :

– Alors c'est toi qui fais toutes mes bandes-annonces ? C'est donc toi la voix de TF1 ?

– Ben oui Michel, dis-je, penaud.

Je prends ma voix de bande-annonce pour tenter de l'amuser : « Retrouvez toutes les infos par téléphone au 36-6-5-4-3-2-1 ! » Il esquisse un sourire :

– Tu en fais d'autres ?

– « Chaque dimanche sur TF1, une grande soirée, deux grands films ! »

– Tu fais quoi encore ?

Le voyant de plus en plus enthousiaste, j'en rajoute avec le ton des années 1970 qui va bien : « Retrouvez le film du dimanche soir avec Whirlpool, le moooonde de l'électroménager… » Et de finir par le *must* de la pub de l'époque : « Le Chat méga perle, il respecte tout, sauf les taches ! »

Michel explose de rire.

Nous ne nous croiserons plus jusqu'à ce que je présente moi-même des émissions. Et là, chaque fois que je le rencontrerai, il dira à son entourage :

– Vous savez d'où il vient ? Vous ne vous rendez pas compte du chemin qu'il a parcouru !

Je serai même invité sur son canapé rouge pour le « Vivement dimanche » de Patrick Fiori, un ami très cher à mon cœur, avec qui j'aime partager quelques bons moments corses chez notre ami Pierre de La Supierrette d'à côté. Nous resterons plus d'une demi-heure après l'émission dans le couloir à deviser avec Michel sur la télé, la radio, en toute simplicité, en toute sincérité.

Avec Patrick Fiori, nous avons chanté Johnny Hallyday ensemble, un *Gabrielle* étonnant et détonant pour le Sidaction. Eh oui… J'aime Johnny !

Johnny Hallyday… Un soir au Palais des Sports, il y a une cohue de dingue pour accéder à sa loge. Son photographe me propose :

– Tu veux dire bonjour à Johnny ?

– C'est gentil, ça me ferait plaisir.

Il me fait passer. Johnny m'aperçoit, parce que l'air de rien Johnny voit tout. Il fonce sur moi : « Viens, rentre ! » Et je me retrouve propulsé au beau milieu de sa famille : Lætícia, Nathalie Baye, Eddy Mitchell, pendant que Laura Smet bâille... Johnny demande, avec sa façon de parler reconnaissable entre toutes :

– Vous connaissez « Attention les marches » ?

Puis il se retourne vers moi :

– Ça va Jean-Lux ? Tu as passé une bonne soirée ?

Je m'exclame :

– Quelle énergie vous avez, je ne sais pas comment vous faites ! Mais dites, vous avez fondu, vous n'avez plus de fesses !

Là, un blanc. Le blanc... Gêné, je me suis laissé emporter par mon enthousiasme... Mais Johnny explose de rire.

– Oui, t'as raison, j'ai un peu perdu du bas...

– Vous faites toujours de la muscu ?

– Oui mais en ce moment, je travaille le haut.

Il ajoute :

– Tu as raison. Il faut que je pense à retravailler le bas.

Nous échangeons un bon moment ensemble tandis que la loge se remplit.

– Le midi je me réveille avec toi et je fais ma muscul'.

Je l'imagine très bien devant sa télé au réveil, en décalage horaire pendant ses tournées, regardant « Les 12 Coucous de midi » pendant son « café-muscul' » !

Sur ce, il enregistre très gentiment un message sur mon téléphone pour les téléspectateurs de TF1 et les auditeurs de RFM.

– Moi quand je me lève, je regarde « Attention les marches ! », il faut regarder tous les midis « Attention les marches ! »... Alors faites comme moi !

Toujours spontané, toujours cette folle envie surréaliste de partager !

Un homme ? Non, bien plus que ça. Johnny est bien au-dessus de tout. Il est tout à la fois, mais surtout, il est toujours bel et bien là.

En parlant de situation surréaliste, un soir je me retrouve avec Marcel Campion, patron des forains.

À l'ouverture de la fête foraine du jardin des Tuileries, nous passons toute la soirée ensemble. La fête est belle, fourmillante de photographes en tout genre, avec un parterre de people monstrueux (tant par le nombre que par le nombre de liftings)... Nous mangeons un hot dog et partageons quelques bières ; la soirée avec Marcel est un face-à-face simple et naturel. C'est alors qu'une jolie femme botoxisée à souhait nous interrompt.

– C'était vraiment bien cette soirée chez vous il y a quelques années ! me dit-elle.

Je suis interloqué, moi qui n'ai jamais ouvert la porte de ma maison.

– Excusez-moi madame, vous devez certainement confondre…

La sentence tombe, sans que je ne la voie arriver.

– Pas du tout, je me rappelle très bien de vous… On était bien chez vous Jean-Luc, ben oui hein, je vous ai reconnu, vous êtes Jean-Luc Delarue !

Voilà le genre de situation assez cocasse au quotidien… Je m'appelle Jean-Luc, elle me voit dans la rue, je deviens donc instantanément à ses yeux « Jean-Luc de La Rue », celui-ci nous ayant quitté depuis déjà plusieurs années… Exactement comme l'an dernier, quand, interviewé par une radio renommée de Franche-Comté, j'entends avec stupeur l'animateur me présenter en tant que Jean-Luc Delarue en plein direct, sans aucun problème, en présence de tous les auditeurs en studio… Gêne de tous, sauf de l'intéressé, qui enchaînera avec un aplomb à couper le souffle.

Dans la série rencontres marquantes, surprenante et à la fois chaleureuse, « Minie Mathy »… (eh oui, Minie, comme l'appelle mon fils à moi que j'aime) me dit un jour :

– La vie ne m'a pas gâtée, mais toi avec ta tache sur le nez, on n'a pas dû te rater non plus…

J'ai eu la chance de tourner avec elle dans un épisode de *Joséphine*… En arrivant sur le tournage, je n'en mène pas large. Je joue le rôle d'un agriculteur moustachu qui doit se mettre à pleurer car ses récoltes sont foutues. Les scènes sont difficiles pour moi, avec à la clef une émotion pas facile à livrer… Sur le fil du sentiment, je me trouve mauvais. Je tente d'aller puiser dans mes réserves et c'est alors que Mimie scande : « S'il vous plaît la technique, essayez de respecter les comédiens… » Extrêmement délicat de sa part, elle me sent fragile… Finalement pas besoin de pouvoirs magiques, Mimie est comme ça, instinctive, impulsive, avec toujours beaucoup de respect pour les comédiens et les artistes ; elle déborde de sensibilité humaine, mais ça ne l'empêche pas d'avancer quoi qu'il arrive. Elle a une telle aisance qu'elle ne joue pas. Elle est exactement dans la vie comme dans ses films.

Toujours aussi à l'aise à l'écran depuis que je le connais, Kev Adams a fait, comme beaucoup, sa toute première télé dans « Attention à la marche ! ». Première pour une spéciale parents-enfants, il avait quatorze ans. Son père l'accompagne et lui, tranquilou bilou, tout jeune Kevin qu'il est, le reprend sans cesse :

– Mais enfin papa, tu ne peux pas dire ça !

On le sent pétillant, vif, cash, partageur, la repartie à toute épreuve. Il reviendra pour une spéciale ados tellement il avait brillé lors de son premier passage, puis même une troisième fois quand il commencera à débouler dans ce métier et à faire rire toute la jeun's génération. Cool, soif d'écoute, d'apprendre : c'est ce qui plaît, cette spontanéité, cette effervescence, cette envie, cet étonnement, ce pétillant permanent.

« Vous m'avez donné la force… »

La télé que j'aime faire ? Une télé de contact, de proximité, sans artifice.

Mes plus beaux cadeaux ? Ils m'arrivent tous les jours, comme lorsque j'entends sur le plateau face à moi cet homme de vingt-huit ans, grand gaillard de deux mètres, me confier :

– Si je suis là, c'est parce que vous m'avez aidé, Jean-Luc…

– Pardon ?

– À dix-neuf ans je mesurais un mètre cinquante-huit, et puis j'ai eu un cancer des os. Je suis resté pendant deux ans, deux longues années, allongé, et vous m'avez accompagné… Chaque jour j'avais rendez-vous avec vous. Vous me faisiez rire tous les midis, je ne pensais plus à la douleur, c'est vous qui m'avez donné la force. Lorsque je me suis relevé de mon lit, deux ans plus tard, j'avais grandi de quarante centimètres.

Troublant, mais tellement touchant. Un travail, une passion récompensée au quotidien. Comme lorsque je me retrouve en plateau face à cette dame handicapée, montée seule à Paris d'un petit village de l'Isère, en fauteuil roulant, pour participer à l'émission. Pour se rendre à la gare de Grenoble, elle a dû prendre un bus avec son fauteuil, puis le TGV, le métro et enfin une navette pour arriver, seule, jusqu'à nous.

– Voilà quatre ans que je suis en fauteuil roulant. Et chaque midi, vous m'avez redonné l'envie, le sourire, vous m'avez donné la force. Lorsque j'étais allongée, je me disais « Un jour, j'irai voir Jean-Luc. » Voilà pourquoi je suis là aujourd'hui, face à vous.

Lorsque vous entendez cela, vous vous sentez prêt à continuer toute la vie, à franchir encore et toujours les barrières, à soulever les montagnes.

Les belles rencontres que je fais en animant, en jouant, en partageant au quotidien avec des artistes en tous genres, connus ou pas, dans la rue, sur les plateaux, en jouant la comédie à la télé ou au théâtre, toutes ces personnes me nourrissent, me retournent, me ravissent, me retournevissent… Un peu comme la femme que j'aime.

– 15 –

L'HOMME CACHÉ...
L'HOMME COUCHÉ...

Confidences sur l'oreiller

Un soir alors que nous étions amoureusement allongés et que la maison s'était apaisée, la femme qui partage ma vie a voulu, avec ses questions, me déshabiller...

– *Pour toi, la pire des injustices ?*

– C'est le renard ! Toi tu es fier d'élever dans ton poulailler tes poules, des brahmas, des nègres-soie, des wyandottes, de la hollandaise bleue à huppe blanche, mais le renard les dévore en un rien de temps. C'est exactement pareil au travail : il faut dix ans pour essayer de faire une carrière, mais seulement dix minutes pour te faire flinguer par un chroniqueur que personne ne connaît et qui est en mal de notoriété. Tu bosses comme un forcené, tu es passionné, tu ne demandes qu'à trouver un coin de ciel bleu dans ce monde si souvent gris et tu te fais démolir… Pour le plaisir. Il te ruine le poulailler ! C'est d'une injustice insupportable.

Perso je préfère être celui qui fait du bien, faisant fi de ceux qui balancent, qui critiquent sans savoir. Beaucoup plus facile d'être méchant que d'être gentil.

– *Ton prochain voyage ?*

– Cette nuit à tes côtés…

– *Tu as un côté pour dormir ?*

– Toujours près de la fenêtre, où qu'elle soit, le plus compliqué étant lorsqu'il n'y a qu'un Velux au-dessus de nos têtes !

– *Tu lis beaucoup ?*

– Il me faudrait avoir du temps pour ça. Pour le moment ce n'est pas encore le cas. Mais j'aime bien écrire…

– *Tu as déjà écrit des poèmes ?*

– Oui mais ma vie est déjà un poème… En fait je pense que j'aime improviser quelques strophes de vie au rythme des moments qui riment avec maintenant.

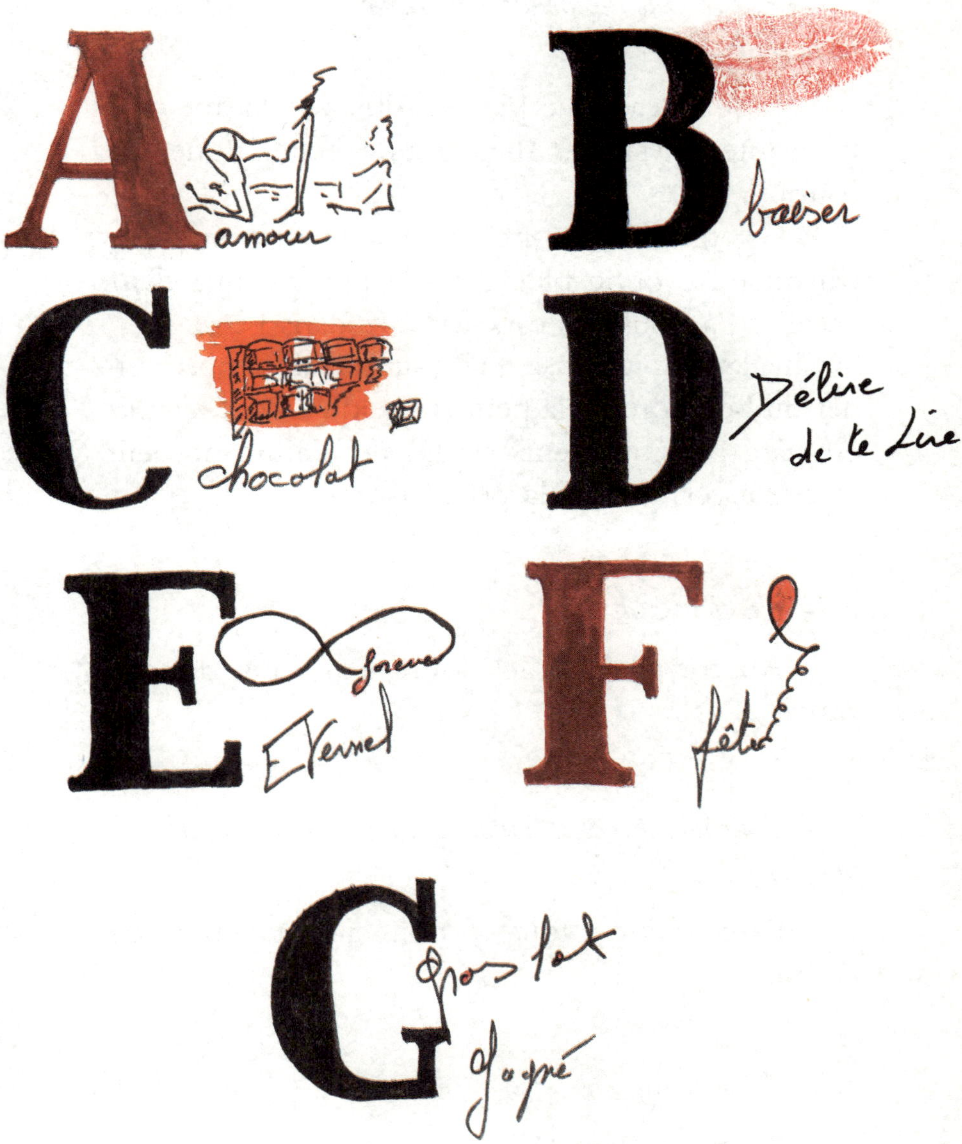
A
amour
B
baiser
C
chocolat
D
Délire
de te Lire
E
forever
Eternel
F
fête
G
Gros lot
Gagné

– *Est-ce que la beauté physique a de l'importance pour toi ?*

– Je suis beaucoup plus sensible au charme qu'à la beauté physique. Mais si une belle brune me sourit…

Les gens beaux sont souvent centrés sur leur plastique, et donc plus dans le paraître que dans l'être… J'ai toujours essayé d'être dans l'être.

Finalement, je pense qu'il vaut mieux se positionner du bon côté de la pente : quelqu'un qui n'a pas été gâté physiquement par Dame Nature ne peut se retrouver que sur la pente ascendante.

– *Tu doutes de toi ?*

– Au travail tous les jours, sous ma douche jamais…

– *Pourquoi tu mets toujours ta chaussette gauche en premier ?*

– Parce qu'on a tous en nous quelque chose de Zizou.

– *Tu voulais faire quoi, petit ?*

– Pilote de ligne. J'étais certainement déjà à la recherche de moments de liberté ! Au final ma liberté au quotidien se résume à piloter mon scooter sur le périph' pour aller sur les plateaux télé... Mais aujourd'hui, grâce à mon travail, ce qui l'emporte tous les jours, c'est la liberté de s'exprimer !

– *Qu'est-ce que tu ne ratais jamais à la télé quand tu étais petit ?*

– *Amicalement vôtre* bien sûr !... L'élégance de lord Brett Sinclair (Roger Moore), l'humour séducteur de Dany Wilde (Tony Curtis). Seulement vingt-quatre épisodes, une seule saison pour cette série britannique mais toute une culture, un mythe, une référence pour l'époque.

– *Qui ou qu'est-ce qui t'a donné envie de faire ce métier ?*

– Je n'ai jamais fait de plan de carrière, j'ai toujours avancé en essayant de ne pas me retourner, mais ce qui me plaisait en regardant la télé quand j'étais petit, c'était de voir des gens heureux, qui avaient le sourire, qui avaient envie de rire, de faire rire.

– *Ta vie est-elle plus belle sous les lumières ?*

– Que tu sois sous les lumières ou non, l'important je pense est de rester à l'écoute de l'autre, de se remettre en question en permanence, d'avancer à l'instinct, et, encore une fois, de tenter d'être et non de paraître. J'aime à me rappeler que la vie est trop courte pour s'amuser triste.

– *Tu aimerais être quel héros ?*

– Tous les héros finissent par Man, tu as choisis le tien !

– *Est-ce que la vie t'amuse ?*

– La vie, ma muse, certes m'amuse lorsque je sens que point je ne m'use, car si je m'use, tu t'uses. Il serait ballot que nous nous usions et moins de plaisir nous eussions, car plus nous ne nous aimerions.

– *Tu es souvent de bonne humeur ?*

– Tout dépend de toi.

– *Pourquoi tu n'aimes pas être seul ?*

– Parce que j'aime avant tout partager. Mais avec le temps je change et ça me dérange de moins en moins. J'aime m'installer à une terrasse et me mettre à bader, à perdre du temps et regarder passer les gens, les enfants… quand je sais où tu es.

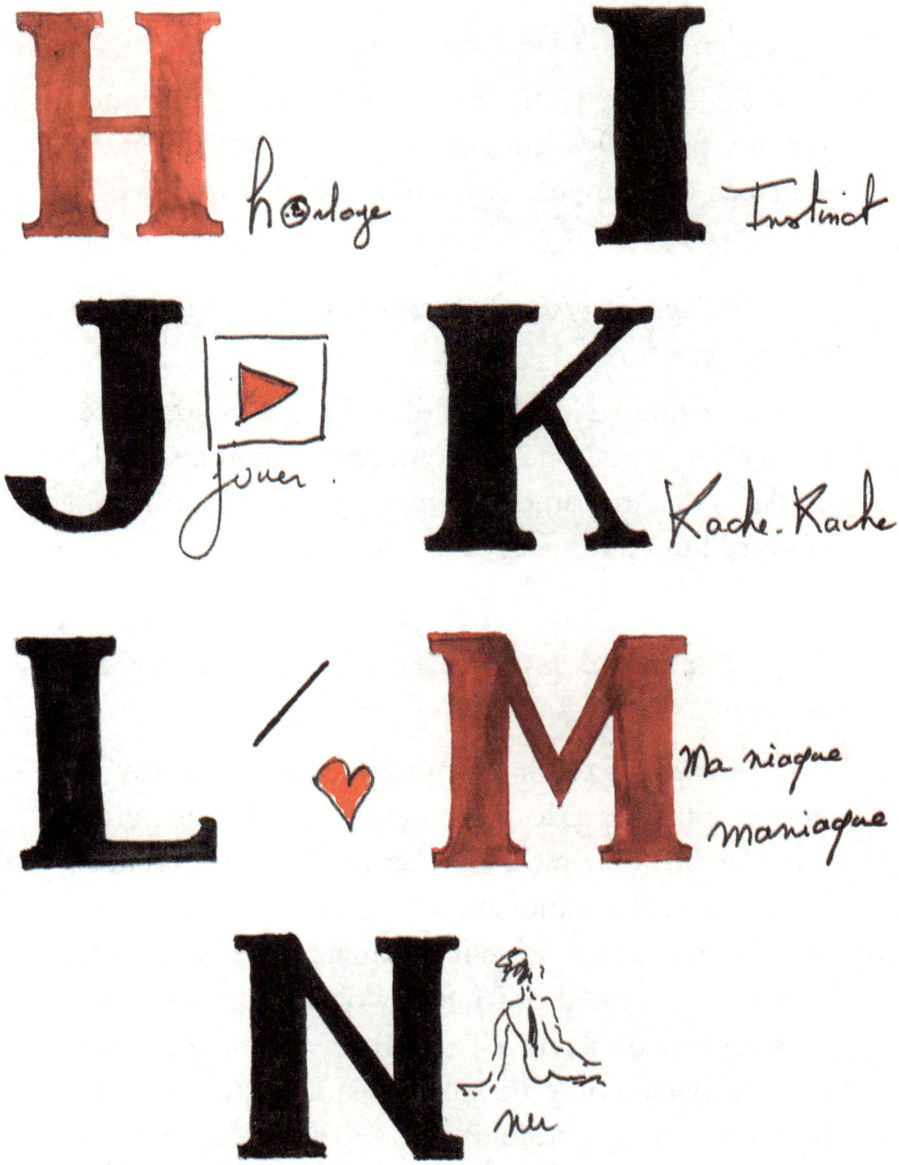
H
horloge
I
Instinct
J
jouer
K
Kache-Kache
L
M
Ma niaque
maniaque
N
nu

– *Quel genre de musiques tu écoutes ?*

– Celles que je fredonne, celles que j'entonne, surtout pas celles qui ronronnent, celles qui n'en font pas des tonnes, celles qui m'étonnent.

– *Pourquoi tu portais toujours des vêtements colorés ou trop grands ?*

– Lorsque tu débutes, dans la vie ou dans ce métier, tu essaies de te démarquer, tu mets de la couleur, des imprimés, tu cherches ta personnalité, aujourd'hui cette période est terminée.

– *À la plage tu te compares avec les autres en maillot de bain ?*

– Je me suis rendu compte que je demandais de plus en plus l'âge des gens depuis que je fais partie du Top 50 (eh oui, il faut se rendre à l'évidence, j'ai dépassé cinquante ans). Le grand jeu à la plage, puisqu'on est tous à égalité en maillot de bain, c'est de savoir tout d'abord quelle voiture ont les gens, puis essayer de deviner leur âge ; se comparer et se dire « Finalement je ne suis pas si mal que ça ! » ou bien « Il faut que je me remette à faire du sport ! » Je me sens donc, soit très heureux, soit complètement déprimé !

– *Tu es fidèle à tes amis, mais le sont-ils vraiment toujours avec toi ?*

– Il y a des personnes qu'on peut appeler n'importe quand. L'amitié c'est comme l'amour, un sentiment inexplicable, mais pour l'un comme pour l'autre, il faut donner des preuves.

– *Qu'est-ce que tu regardes à la télé ?*

– Je sais que ça t'énerve quand je zappe sur les infos alors que tu regardes ton match de foot (eh oui tu es foot, je suis rugby) ou tes films et tes séries, mais je dois rester au plus proche de l'actu pour tenter de me forger ma propre opinion. Tu remarqueras tout de même qu'hier soir, par exemple, nous avons regardé ta série américaine préférée pour te faire plaisir, et je me suis pris au jeu. Tu vois que je fais des efforts !

– *Quelle émission tu aimerais animer ?*

– La prochaine.

– *Comment tu te vois à la télé ?*

– Je vérifie que je n'ai pas les manches trop longues pour ne pas ressembler à un président de la République, que je n'ai pas le teint trop hâlé ni le maquillage trop forcé pour ne pas ressembler à un ancien Premier ministre, ou bien la cravate de travers et les cheveux trop gris pour ne pas ressembler à un ministre de l'Économie…

C'est vrai que je suis maniaque, voire jamais satisfait. Je ne vois que mes défauts, mes tics, tout ce que je pourrais améliorer dans les émissions et dans la comédie.

– *Tu aimes qu'on te reconnaisse dans la rue ?*

– Parfois oui, parfois non. Je n'en suis pas sûr, mais il est bien possible que j'aime moins quand on ne me reconnaîtra plus…

– *Quelle sorte de gens aimes-tu ?*

– Les personnes sincères, celles qui te regardent en face lorsqu'elles te parlent.

– *Quelle sorte de gens détestes-tu ?*

– Ceux qui ne mettent pas de bonne volonté, prétextant avoir absolument envie de te voir mais ne trouvant jamais un moment à t'accorder.

– *Es-tu préoccupé par l'âge ?*

– C'est paradoxal, plus j'avance, mieux je me sens, mais plus j'avance, moins j'ai le temps.

O Oui Oui ohhhh oui !

P Pas niqué

Q Quite ou double

R Rrrrrr....

S Sea Sex Sun

T Toi

for **U**

– *Un souvenir d'un cadeau de Noël enfant ?*

– Mon petit vélo bleu que j'ai gardé pendant très longtemps chez mon grand-père en Bourgogne. Je l'ai gardé dans la tête, sous ma jolie casquette blanche et bleue. Il m'a usé les genoux, mais il m'a permis d'avancer…

– *Quel est ton moment préféré au théâtre ?*

– L'arrivée dans le théâtre vide. C'est magique, tu te retrouves seul face à toi-même, comme dans un cocon. J'adore également quand la salle applaudit à tout rompre à la fin du spectacle. On passe du rien au tout, puis du tout au rien, mais avec un résultat immédiat, fruit du travail.

– *Quand tu étais déguisé en femme, en robe dans la pièce de théâtre* Personne n'est parfait, *tu ressentais quoi ?*

– Pour moi, ça ressemblait à un attirail de guerre. Entre les talons hauts, le soutien-gorge, le fond de teint, le rouge à lèvres et les collants, c'était la grosse Bertha ! Mais c'était assez excitant et jouissif tout de même d'être dans la peau d'une femme qui se permettait d'être la confidente d'une autre femme.

– *Aimerais-tu faire un jour de la mise en scène ?*

– Mettre en scène notre vie au quotidien avec nos six enfants est déjà un péplum chaque jour !

– *Si tu devais renaître et que tu pouvais choisir… Tache ou sans tache ?*

– Tache. On s'attache…

– *Qu'est-ce que tu attends de moi ?*

– La femme parfaite doit être très ennuyeuse, non ? J'aimerais que toi, tu sois positive au quotidien, belle, que tu m'étonnes, que tu souries à la vie car on sait pertinemment que tout peut s'arrêter en un instant. Ne rien changer, mais toujours tout faire bouger, évoluer.

– *Comment choisis-tu le parfum de l'autre ?*

– Le parfum est très personnel et fusionnel. Seuls les infidèles n'aiment pas les parfums…

– *Plutôt sucré ou plutôt salé ?*

– Œufs, andouille, fromage… Salé bien sûr, comme la vie !

– *Pourquoi es-tu aussi pointilleux sur tes œufs ?*

– Pour moi, les œufs à la coque c'est 3 minutes 33 secondes.

Avec les mouillettes beurrées bien sûr… C'est quoi le problème ? C'est comme ça que je les aime.

– *Pourquoi avons-nous autant d'horloges, de coucous, de pendules et de réveils à la maison ?*

– La collection a débuté lorsque j'ai récupéré le coucou de mon grand-père paternel, et l'horloge de ma grand-mère maternelle. Et puis je pense que s'est greffée cette crainte de ne pas avoir le temps, cette évidence du temps qui passe et qu'on ne peut maîtriser. C'est vrai que je suis un tantinet obnubilé par les horaires, j'aime entendre sonner mes pendules et coucous pour peut-être mieux savourer l'instant… Probablement par peur de ce temps qui passe toujours trop vite. J'avance toujours ma montre de cinq minutes pour être sûr d'arriver à l'heure aux rendez-vous… Ça doit être la radio qui m'a donné cette rigueur. Je limite « les paramètres de frottement ».

Deux ou trois fois je me suis retrouvé en gros stress avant de prendre un avion pour aller travailler, coincé dans les embouteillages, au risque de rater mon vol. J'étais complètement tétanisé. C'est pour éviter ce genre de tension qui m'est devenue

V 

W Waouh !....

X x L

Y Yaka

Z i end.

insupportable que j'arrive maintenant deux heures en avance à l'aéroport.

– *Ton jour préféré ?*

– Pas plus un qu'un autre. Le week-end, je ne supporte pas de le passer à Paris. Ça devient anxio-gênant, je me sens comme asphyxié, je respire mal. C'est compliqué pour les enfants car ils veulent voir leurs copains. Pour toi aussi d'ailleurs car tu vois que je tourne en rond comme un lion en cage. D'ailleurs tu n'hésites pas à me dire délicatement : « Bon, on part parce que tu deviens insupportable ! » À mon arrivée à Paris, le but pour moi, pendant les cinq premières années, était de pouvoir m'échapper le week-end. Je ne pouvais pas me le permettre financièrement et j'avais cette idée fixe en tête. Peu à peu j'y suis arrivé. Je faisais des voix, beaucoup de voix, jusqu'à dix séances de publicité quotidiennes, je travaillais quinze à vingt heures par jour pour pouvoir atteindre cet objectif. Je sentais que mon corps et ma tête en avaient besoin.

– *Pourquoi passes-tu autant l'aspirateur ?*

– Mes parents avant moi et surtout ma grand-mère paternelle en possédaient plus de cent cinquante, non pas des aspirateurs mais des oiseaux ! Nous-mêmes en avons toujours eu à la maison :

perruches, canaris, et rossignols du Japon. Alors aujourd'hui, avec nos volières dans la cuisine, les plumes qui voltigent un peu partout et les graines qui sautent, il est vrai que je suis devenu un grand malade de l'aspirateur. Je le passe matin et soir pour essayer d'assurer le service après-vente de cette passion familiale.

– *As-tu aimé écrire ce livre ?*

– Je ne m'attendais pas à me prendre autant au jeu des souvenirs, du présent, du passé, de l'avenir… Ça m'a permis de faire un point, de réaliser le parcours effectué… Je ne m'en rendais pas compte. Avec ce livre, je prends de plus en plus conscience que je dois nous ménager du temps afin de profiter beaucoup plus de toi, des enfants, de la vie. Il faut qu'on pense plus à nous.

– *Pourquoi tu ne montes jamais sur un manège ?*

– Parce que la vie est une grande fête foraine ! Autant s'y amuser le plus possible, et continuer à découvrir de nouvelles attractions.

– *As-tu peur de la mort ?*

– J'ai anticipé. Je suis né le jour de la fête des morts.

– *Tu es superstitieux ?*

– Pas du tout !… Si une journée n'a pas été bonne la veille je change de brosse à dents et j'en prends une verte le lendemain, je choisis chaque jour mes sous-vêtements en fonction de la journée qui m'attend, je te demande de me préparer toutes mes fringues la veille au soir pour éviter les conflits au petit matin. Si une chemise ou un costume n'ont pas bien fait leur travail sur une émission, je ne les mets plus sur un plateau télé. À chaque fois que je suis à une pompe à essence le chiffre des centimes ou des litres doit se terminer par l'année en cours…

Superstitieux ? De plus en plus professionnellement, mais de moins en moins à tes côtés car avec nous les règles sont tous les jours chamboulées.

– *Ton parfum préféré pour les boules de glace ?*

– J'adore demander à chaque fois la liste de tous les parfums pour, au final, prendre toujours deux boules au chocolat.

– *Tu dînes quoi ce soir ?*

– Un steak haché bleu mais chaud, avec un œuf de ma poule à cheval.

L'homme caché… L'homme couché…

– *Quelle est la question que tu aimerais que je te pose ?*

– En fait, j'aimerais bien que tu arrêtes de m'en poser. Et puisque tu abordes le sujet, j'aimerais bien que tu arrêtes de t'en poser aussi.

– 16 –

LA COMÉDIE D'UN JOUR, LA COMÉDIE DE LA VIE… LA COMÉDIE !

La question m'est souvent posée sur mon ressenti du théâtre par rapport à la télé, la différence entre le métier de comédien et celui d'animateur.

Je pense qu'être sur une scène en tant qu'acteur est un exercice tout à fait complémentaire de celui de présentateur télé et vice versa. Sur un plateau télé, on travaille surtout sur l'autre pour essayer qu'il soit le plus à l'aise possible et qu'il donne le meilleur de lui-même ; en comédie, que ce soit au théâtre ou dans une fiction télé, on doit énormément travailler sur soi, sur les personnages avant les tournages ou pendant les répétitions, afin de faire passer les plus belles émotions, les plus beaux messages, les plus justes, et surtout sans trop en faire pour éviter de passer à côté de l'essentiel. Finalement tout est une question de dosage et de sensibilité.

« Tu fais très bien Don Juan mais maintenant je voudrais que tu le sois. »

1989, j'entends encore Raymond Acquaviva, mon prof de théâtre au cours Florent, me répéter :

– C'est bien… Tu connais ta scène, d'accord, tu fais très bien Don Juan, mais je voudrais maintenant, avec le même texte, que tu me montres que tu l'es, avec ta propre personnalité. Tout le monde a joué Don Juan, tout le monde s'est identifié, s'est comparé à Don Juan. Tu dois y apporter ce que tu as, ce que tu ressens, ce que tu es, tout au fond de toi…

Grand blanc, vide sidéral, repartir de zéro et surtout essayer de puiser en moi les bonnes ressources pour trouver des sensations, des émotions que je n'avais même pas soupçonnées.

Au théâtre, bien des années plus tard, nous tenterons de relever ensemble un incroyable défi. Adapter et rejouer *Hibernatus*, pièce de 1957, au théâtre de La Michodière, mise en scène version 2015 par l'élégant Steve Suissa. Le bonheur et le luxe de retrouver mon prof, Raymond, après toutes ces années, mais cette fois-ci à mes côtés sur scène. La trouille au ventre d'avoir accepté d'interpréter le rôle estampillé à tout jamais par Louis de Funès au cinéma. Le succès est au rendez-vous. Toute l'équipe a la satisfaction d'avoir fait oublier le passé d'une pièce, d'une marque si riche, et pour moi c'est un vrai plaisir de jouer, de travailler avec toute cette équipe, et de ne pas être assujetti à la comparaison du maître De Funès.

Mais c'est bien avant cela, en 2010, que le metteur en scène fou Alain Sachs m'a remis le pied à l'étrier et m'a donné définitivement l'envie de remonter sur scène.

– J'ai peut-être trouvé quelque chose pour toi, une pièce qui n'a jamais été montée en France. *Nobody's Perfect* (Personne n'est parfait), un rôle à transformations.

Nous y travaillons ensemble, réadaptons la pièce à notre sauce le soir, la nuit, pour en faire une cré-adaptation française. Une expérience forte, très forte, intense ; en 2010 le rêve devient réalité. Mais pour la grande première de *Personne n'est parfait*, la crainte et l'angoisse du « Vont-ils venir ? » et essentiellement du « Est-ce que ça va leur plaire ? » me tenaillent. Surtout ne pas trop en faire. Je dois me déguiser en femme au deuxième acte et si je pars dans une caricature, je risque de me faire flinguer en deux minutes par la critique.

Avant d'entrer en scène, Alain me soutient à coups de références fortes. Il me raconte l'histoire de Louis Jouvet auquel un de ses élèves avait demandé un jour :

– Maître, je ne comprends pas ce que vous me dites. Aujourd'hui, vous m'avez dit exactement le contraire d'hier.

Le maître aurait répondu de sa voix gouailleuse :
– Additionne !

En moi plus rien ne s'arrête, ni mon corps, ni ma tête. Tellement émouvant de revenir à ses premières amours après tant de temps. Un nouveau défi pour l'habitué des plateaux télé que je suis devenu depuis toutes ces années, un véritable exercice de funambule, enivrant, qui donne le vertige, loin de toute certitude. Les mêmes ressentis enfouis reviennent à vitesse grand V. Insupportable quart d'heure juste avant le lever de rideau, la peur au ventre mais dans la minute qui suit, le miracle, la délivrance, et un plaisir plus que jouissif pendant et à la fin de chaque représentation. Avec néanmoins cette interrogation récurrente tous les soirs, quand j'arrive au théâtre : « Pourquoi je suis là ? Pourquoi avoir accepté et voulu relever un tel défi ? »

Angoisse incessante du trou de mémoire. Le comble, le soir de la première c'est finalement ma partenaire qui perd son texte ! Je la vois sortir de scène. Grand moment d'émotion, de solitude, de désespoir. Je vois Alain Sachs se lever en plein milieu du théâtre, il se prépare à baisser le rideau. Au dernier moment, l'improvisation nous sauve… Seul en scène, je lance destination les coulisses un retentissant : « Vous avez trouvé les toilettes ? » Elle qui était totalement transie se ressaisit aussitôt… Elle revient sur scène sous des applaudissements à tout rompre, public en délire, tout le monde a vu, a vécu en même temps cet instant suspendu, mais tous ont pardonné cet incident qui n'en était plus un, mais qui était devenu un réel moment de complicité entre nous, acteurs et spectateurs.

Ce soir-là mes enfants, exceptionnellement réunis dans la salle, seraient presque admiratifs : ils ont cru que cela faisait partie de la pièce ! Eux qui ne suivent que de loin ce que je fais à la télévision, là, vivent intensément l'instant en direct. Je me rends compte que les spectateurs, eux aussi, à la fin de la représentation, me regardent différemment. Dans cette pièce qui porte décidément bien son nom, *Personne n'est parfait*, ils m'ont peut-être découvert pour la première fois comme acteur, loin du présentateur de jeux qu'ils connaissent.

Nombreux sont ceux qui m'encouragent, ou ceux qui, entendant parler de succès, viennent voir la pièce. Après la représentation, un soir, l'auteure Yasmina Reza glisse à mon amoureuse : « Merci de m'avoir fait découvrir un comédien. » Inutile de préciser à quel point ce compliment, fidèlement rapporté, me touche.

Puis vient la rencontre avec Francis Huster. Il joue à ce moment-là *Bronx,* pièce mise en scène par Steve Suissa, à 19 heures au théâtre des Bouffes-Parisiens. Je joue ma propre pièce à 21 heures au même endroit. J'ai pour habitude, avant notre représentation, d'écouter admirativement sa prestation depuis ma loge (celle de Jean-Claude Brialy s'il vous plaît…), ayant fait installer un petit haut-parleur. Il réussit cette prouesse de me raconter chaque fois, avec le même texte, une histoire différente.

pendant que Papa Pole est sur scène, Lola 6 ans dessine la scène

Un soir, alors qu'il sort de scène, je lui glisse :

– Je vous ai écouté pendant une heure vingt. Quand j'étais petit chez mon grand-père à la campagne, je ne ratais jamais à la radio « Les histoires extraordinaires » de Pierre Bellemare sur Europe 1 et là je viens d'entendre Francis Huster me raconter une histoire extraordinaire !

Peu de temps après j'aurai le bonheur de trouver dans ma loge une magnifique lettre écrite de sa main :

Cher Jean-Luc

Moi aussi je t'écoute pendant ta matinée.
Il y a des choses qui ne trompent pas.
Au-delà de la réussite de ce spectacle
qui n'est pas Shakespeare bien sûr (mais ce
qui le rend encore plus rude à réussir
puisque les comédiens n'ont ni la grâce
d'un texte philosophique, ni la profondeur
d'une richesse humaine) mais une brillante
comédie rafraîchissante il y a une raison
à ton succès personnel : au-delà des gags,
des répliques à effets, du rythme bien foutu
et de la construction sans failles qui va à
l'essentiel, faire rire et charmer, il y a une
chose qui <u>émeut</u> et cimente dans le public
qui rit à la pièce une respectueuse complicité.

C'est que tu dessines un vrai caractère !!
Tu réussis par ta fougue à faire rire mais
tu réussis aussi à toucher le coeur du public
par une chaleur humaine et une pudeur simple
qui habite ton rôle et qui du début à la fin
attache ce public à ton coeur pour ne plus
te lâcher. C'est, en t'écoutant, ce qui me fait
dire que tu vas faire une carrière à la
Bourvil, qui lui aussi avait en lui une vraie
tendresse humaine.
Je te souhaite comme lui une vie sublime.

Francis

il n'avait pas peur qu'on l'aime.

Cette lettre, même si je ne suis pas dupe sur mon jeu d'acteur et que Francis, de sa plume habile, a voulu ajouter du contraste en me flattant, je l'ai encadrée, comme un précieux joyau. Un jour peut-être, nous aurons le bonheur de nous retrouver sur scène, ensemble. Le fait est que nous avons deux parcours diamétralement opposés, Francis ayant acquis sa notoriété au théâtre, moi à la télé, mais je pense que fondamentalement nous partageons le même engouement, le même niveau d'exigence, la même insatisfaction permanente, la même empathie pour le public.

Émouvant, troublant de lire dans ce mot le nom de Bourvil. Chez cet homme se dégage une telle fragilité et une telle profondeur dans son jeu d'acteur ! Une sensibilité à toute épreuve avec une réelle complicité dans ses yeux malicieux. Il savait manier le rire et l'émotion avec un talent sans précédent. Et sa *Ballade irlandaise* me touche avec une telle intensité que nous l'avons même passée à l'église, au baptême de mes enfants.

Bourvil n'est pas étranger au titre de la série *Léo Mattéï – Brigade des mineurs* sur TF1. Il jouait le rôle de Mattéï dans le film de Melville, l'année de ses cinquante ans. Au fond, c'est peut-être lui, sans que je le sache, qui m'a donné cette envie de devenir comédien… Je ne sais pas s'il avait autant de mal que moi à apprendre ses textes, mais son jeu dans ce film est bouleversant.

Coluche, quant à lui, a fait l'effet d'un détonateur sur moi. Avec ses gants de boxe jouant *Le Temps des cerises* au violon, ses salopettes de clown et ses chaussures jaunes, ses fausses pubs, ses façons bien à lui de dire tout haut ce que tout le monde pense tout bas dans ses sketchs. Consécration ultime dans *Tchao Pantin* lorsqu'il ne cherche même plus à faire le comédien : il redevient lui-même, sans chichi ni artifice, simplement lui, face à Richard Anconina plus vrai que nature dans une simple station-service. À l'époque de « N'oubliez pas votre brosse à dents », je faisais exprès le détour pour passer devant cette station aujourd'hui disparue avant de rejoindre les studios. Je m'arrêtais devant cet endroit si mystérieux pour moi, au début de l'avenue de la Porte-de-la-Chapelle. Même si ma moto n'en avait pas besoin, je m'y arrêtais pour y prendre de l'essence…

Bourvil dans *La Grande Vadrouille* ou *L'Arbre de Noël*, Coluche dans *L'Aile ou la cuisse* ou *Tchao Pantin*, De Funès dans *Le Gendarme à Saint-Tropez* ou *Hibernatus*… Tous ces comédiens à double face qui peuvent aussi bien nous faire rire que nous émouvoir au plus haut point… Leur souvenir me fait avancer, me conforte dans l'idée que le vrai chemin est celui de l'authenticité. C'est grâce à ces exemples, qui sont devenus des références, que nous avons tenté de réaliser le concept de *Léo Mattéï* qui germait depuis longtemps dans nos têtes.

Là encore, il a fallu s'armer contre les empêcheurs de tourner en rond, les esprits critiques, les professionnels de la non-remise en cause et ceux de la « mise dans une case et tu n'en bouges plus ».

« Il fait des jeux, des divertissements, qu'est-ce qu'il va s'emmerder à parler de Brigade des mineurs ? Ça va faire peur aux gens ! »

« Pourquoi a-t-il besoin de se prendre pour un comédien ? Il est animateur. Ça ne lui suffit pas ? Ne vous inquiétez pas, de toute façon *Mattéï* ça ne marchera jamais. »

J'ai entendu, réentendu ces paroles blessantes, mes oreilles ont sifflé avec ces mots qui me rappelaient… un enfant qui avait une tache sur le nez et dont ses petits camarades se moquaient.

Souvenirs-souvenirs… Retour direct à la case enfance. Même avec un peu d'orgueil, de fierté, cette image me tire encore les larmes.

Mais c'est une règle d'or : les contes se finissent toujours bien ! Six millions trois cent mille téléspectateurs sont au rendez-vous pour le premier épisode de *Léo Mattéï*. Merci à vous, sacro-saintes audiences ! Grâce à vous, je ne suis plus « l'encasé du midi ».

Pourquoi *Léo Mattéï* ?

Léo Mattéï est un projet familial que nous avons souhaité porteur de messages positifs, la prévention pour la défense des enfants étant le plus important à nos yeux. Avec une famille recomposée de six enfants âgés aujourd'hui de sept à vingt-six ans (sans compter bien sûr le chien, les oiseaux et les poissons rouges), c'est notre façon à nous de tendre une main pour tenter de faire avancer et de faire évoluer le dialogue avec les enfants. C'était d'ailleurs déjà le cas il y a quelques années dans les téléfilms où je jouais, *Le Monde est petit* et *Victor Sauvage*. Dans l'un, j'étais un chef d'entreprise et ma femme partait refaire sa vie avec la nounou de notre fille, me laissant seul avec notre petite de cinq ans sur les bras. Dans l'autre, j'interprétais un comportementaliste animalier et j'essayais de communiquer avec les enfants par l'intermédiaire d'enquêtes animalières qui se terminaient toujours par des messages positifs pour les jeunes.

Toutefois, difficile de faire admettre une autre image de l'animateur, celle que les téléspectateurs ont maintenant depuis plus de vingt ans. En interprétant le rôle d'un commandant à la Brigade des mineurs sur le terrain et à l'écoute des autres, je ne suis plus du tout celui qu'on voit à la télé, marchand de bien-être, joyeux et sans soucis… Je deviens monsieur Tout-le-monde, taiseux et bougon, celui que je peux être très facilement en dehors des plateaux. Le public découvre dans Léo Mattéï quelqu'un qu'il ne connaît pas, avec ses défauts, sa manière de penser bien à lui, de réfléchir, mais surtout ses angoisses face à l'éducation des enfants. Les gens s'attachent plus quand on est à taille humaine. On essaie de faire passer des messages sans donner de leçons de morale. Le but étant de dire aux parents : « Restons à l'écoute de nos enfants, tentons d'anticiper en gardant le dialogue quoi qu'il arrive, mais surtout ne démissionnons pas… »

Pour être en harmonie avec le rôle, remise au sport intensif, mais également immersion à la Brigade des mineurs de Paris pour ne pas faire d'erreurs dans les scénarios ou dans le vocabulaire à employer, dans les interventions, les perquisitions… Apprendre le maniement des armes, et répondre à l'angoissante question : faut-il les montrer à l'écran quand on parle de protection de l'enfance ? Comment traiter de toutes les formes de violence sur les enfants ? Grand sujet de discussion avec la chaîne en ces périodes plus que délicates. En fait il est très compliqué aujourd'hui de relater les vrais faits du quotidien, les problèmes de la jeunesse, des enfants, tout en restant accessible au grand public. On est toujours suspendu aux lèvres de la censure quand on essaie d'être le miroir et le reflet de la société.

Sur *Léo Mattéï – Brigade des mineurs*, on fait tout en famille. Et tous nos efforts ont fini par porter leurs fruits. Mais avant de mettre ce bébé à l'antenne, deux ans de travail, jour et nuit, week-ends compris. Costumes, lecture et relecture de tous les scénarios, décor, dialogues… Répétition des textes parfois jusqu'à 4 heures du matin et départ pour le tournage à 7 heures… Nous militons pour des journées de quarante-huit heures !

Nos plus belles récompenses ?

• Lorsque la Brigade des mineurs de Paris nous appelle et nous dit, le lendemain de la diffusion des épisodes, que beaucoup de personnes ont osé décrocher leur téléphone pour parler, évoquer des problèmes vus ou entendus avec des enfants, dans leur famille ou dans leur entourage.

• Très grosse émotion également lorsqu'une femme d'une quarantaine d'années, à la suite de la diffusion en avant-première des épisodes dans un cinéma de province, ose prendre le micro devant cinq cents personnes et dire : « Je vous remercie d'avoir créé cette série *Léo Mattéï* car grâce à vous et vos équipes, peut-être que les enfants et les parents vont oser se livrer. » Et dans le cinéma bondé, elle ajoute après un silence : « C'est la première fois que j'en parle, je suis aujourd'hui mère de famille… » Nouveau silence puis : « J'ai été abusée sexuellement pendant toute ma jeunesse par mon père sans jamais oser le dire. »

Ce témoignage, en deux phrases, venait de nous offrir le plus beau des cadeaux.

• Et enfin, une fierté plus personnelle, celle de cette rencontre faite cette année alors que nous nous trouvions au fin fond de l'Espagne. Au-dessus de mon épaule, j'entends un « Bonjourno ! » Bonjourno en Espagne ressemble plus dans ma tête à de l'italien, mais spontanément je réponds « *Hola !* » Un garçon d'environ vingt-cinq ans tourne autour de moi, d'un côté, puis de l'autre, regarde sa petite amie et s'exclame tout à coup : « Léo Mattéï ?... Léo Mattéï ? »

Je n'en crois pas mes oreilles, il n'en croit pas ses yeux, mon corps se fige, mon cœur s'accélère. Il est italien et il m'explique en anglais que les épisodes sont diffusés en ce moment dans leur pays et que c'est un grand succès ! Il veut prendre des photos avec moi, il ne connaît pas l'animateur, il ne connaît pas Jean-Luc, il m'a reconnu en tant que comédien et... grâce à ma tache sur le nez.

*

* *

Aujourd'hui il est vrai que je pourrais ralentir le rythme, mais on se fixe chaque fois de nouveaux challenges et on met la barre de plus en plus haut. Essayer de rassembler plusieurs générations devant le même poste de télévision alors que la concurrence se fait de plus en plus rude, être une locomotive à laquelle viennent s'accrocher d'autres wagons, voilà ce qui m'auto-motive, même si cela demande beaucoup d'énergie à chaque départ de projet, pour réamorcer la pompe. Chercher sans cesse de nouvelles idées... Pour parfois ne pas les trouver.

Je ne sais plus qui a dit : « Le succès est fragile mais surtout dangereux. On peut se copier soi-même, et se copier soi-même peut conduire à la stérilité. »

« Qui n'avance pas recule » et si l'on ne se renouvelle pas, d'autres le feront à ta place, d'autres prendront ta place. S'entourer de forces vives, rester toujours en ébullition, toujours cerveau tempêter... Pardon, ça m'a échappé. Toujours « *Brain stormer* »... Rester force de proposition et être là où on ne t'attend pas, comme dans un couple. Ne jamais tomber dans la facilité ou s'installer dans son petit confort, savoir se mettre en danger et puis, sortir grandi des difficultés.

Lucide et cohérent, en prenant de l'âge, on apprend peut-être à mieux s'accepter tel qu'on est pour pouvoir transmettre aux autres tout ce qui nous anime. Sérénité, travail, liberté. C'est ce qu'il faudrait réussir à faire passer comme message aux enfants. Leur donner les armes pour affronter ce qui les attend... Pas facile d'avancer face aux envieux, aux frileux, aux censeurs. Ceux qui te disent « Mais tu n'as pas peur que... », « Tu n'en as pas assez de... », « Tu ne penses pas que... »

Je n'ose même pas y penser, mais un jour je me retrouverai comme les autres, stoppé en plein vol... Pour l'heure cependant, toujours cette même question : pourquoi après toutes ces années, les spectateurs au théâtre ou les téléspectateurs à la télé répondent encore présents aujourd'hui, et grâce à quoi reviendront-ils demain ?

Le train est en marche, j'espère pouvoir choisir à quelle gare descendre, mais par-dessus tout, j'aimerais toujours surprendre, et être, à chaque fois, là où on ne m'attend pas… Et si pour continuer à jouer le film de « La Comédie de la vie », on prenait un train qui ne s'arrêtait jamais ?

Le monde s'égare, un monde sans gare…

– 17 –

VIVE LA NOTORIÉTÉ… OU PAS

Lorsque vous êtes animateur d'une émission populaire comme « Les Z'amours » et que vous allez régulièrement chercher avec bonheur votre fils à l'école, arrive le moment où vous devez lui dire :

– Je ne viendrai plus t'attendre à la sortie.

Ce genre de phrase vous marque à tout jamais, et malheureusement vous laisse un énorme trou béant dans le cœur.

La situation était devenue tellement gênante pour mon fils aîné qu'il fallait prendre cette décision radicale. Il était bon élève, mais les jalousies se sont très vite fait sentir. Les réflexions en plein cours des petits copains « Eh, t'es le fils Reichmann de la télé ! » le mettaient trop mal à l'aise. Bref, ce n'était plus possible.

Puis un jour, il m'a glissé tout bas sans oser me regarder :

– Au fond papa, je pense que je préférerais que tu ne passes pas à la télé.

Même l'institutrice a fini par moins s'intéresser à mon enfant qu'à ce que je représente à la télé. « Ah mais vous êtes le papa de… C'est vous qui… » Depuis ce jour, la messe est dite, plus d'école pour moi.

Des années plus tard, mon fils s'en souvient encore :

– Finalement, papa, de tous les enfants de la famille, je suis le seul à t'avoir connu quand t'étais pas connu.

On s'en amuse, on en sourit, mais je sais qu'au fond de lui il a toujours pâti de la notoriété de son père.

J'ai toutefois fait une entorse à la règle que je m'étais fixée, en accompagnant, bien des années plus tard, ma fille à l'école. 8 h 25, place Clichy. Je suis déjà très en retard lorsqu'un passant surgit devant moi, me bloquant le passage.

– Mais c'est pas vrai !

– Excusez-moi mais je suis un peu pressé, je dois amener ma fille à l'école.

– Mais c'est pas vrai !

– Si si, il faut que je l'amène à l'école.

– Mais c'est pas vrai !… Attendez il faut que je vous dise. Je vous suis partout depuis vos débuts. Je ne rate aucune de vos émissions. Vous nous faites partager des moments extraordinaires. C'est exceptionnel pour moi de vous rencontrer comme ça aujourd'hui. Mais c'est pas vrai ! Votre fille, vous, vous l'amenez tous les jours à l'école mais moi c'est la première fois que je tombe sur vous !

– Je sais, mais écoutez on va certainement se recroiser un autre jour. Là il faut vraiment que j'y aille, je dois déposer ma fille. Vous entendez ? La cloche de l'école sonne, elle est déjà en retard !

– Non mais je vous assure que je vous suis depuis le début. J'adore ce que vous faites… Nicolas Hulot !

Je reste sans voix, je passe mon chemin. Je dépose ma fille. Il m'attend devant la porte de l'école !

Je lui ai signé un autographe au nom de Marie-Ange Nardi, et je suis reparti.

Ombre ou lumière… L'ombre sied mieux aux enfants que la lumière qui a tendance à les éclabousser au lieu de les illuminer. Ma fille a demandé à changer d'école pour ne plus s'entendre dire : « Pour toi, tout est facile. »

*
* *

Il est vrai que la médiatisation demande une certaine organisation, voire une adaptation de sa vie personnelle au quotidien…

En Bourgogne, j'aime me retrouver dans la ferme qui a vu naître mon grand-père et j'adore évoquer les derniers potins avec mon ami Sylvain au petit déjeuner, dans le seul café sur la place du village.

Alors que je suis nonchalamment accoudé au comptoir devant un petit court sucré, j'entends chuchoter dans mon dos :

– Le mec de la télé, le petit-fils Vaillant, en fait c'est un clodo. T'as vu ? Il a un trou dans l'pantalon, il peut même pas s'en acheter un !

Je réalise à cet instant que si personnellement, comme Julio Iglesias, « Yé né pas changéééé », le regard des autres sur moi, quant à lui, a complètement évolué. Mon pantalon… Voilà un autre petit plaisir de la vie auquel je devrais renoncer ? Mais c'est hors de question ! Mon pantalon porte-bonheur… Vous n'y pensez pas !

Moment surréaliste également lorsque je parcours les rayons des supermarchés… Je n'ai toujours pas perdu le plaisir de continuer à y faire mes courses (on ne se refait pas, quand on a passé toute son enfance à emboîter les pas de son père de la caisse centrale au rayon surgelés). Je découvre certes les joies de me faire suivre à travers les rayons, mais quelle n'est pas ma stupéfaction lorsque je m'aperçois que certains de mes poursuivants mettent, dans leurs Caddies, les mêmes produits que ceux que je choisis ! De quoi tomber fou. Je me pince, n'en crois pas mes yeux, mais si. Je recommence l'opération plusieurs fois tellement le jeu est amusant.

En fait, dans la nouvelle donne, vous qui avez comme tout un chacun les petits soucis du quotidien, vous devenez celui qui doit sourire en toute circonstance, même avec les pires emmerdes, même un genou à terre, au risque de déplaire et de vous faire très rapidement taxer d'un jugement sans appel :

– Il n'est pas du tout pareil dans la vraie vie, il joue un jeu à la télé, mais il est pas marrant du tout, en fait !

Et c'est dans ces moments-là que vous commencez à réviser votre enthousiasme à la baisse.

Je me rappelle aussi avoir eu une illustration toute particulière de la notoriété, lorsqu'un dimanche matin à 6 h 30, je suis parti de chez moi à moto pour rejoindre Europe 1 où je faisais mes débuts. Angoisse et stress pour ce nouveau défi. Sur les Champs-Élysées, au niveau du théâtre Marigny, le feu passe à l'orange. Comme à cette heure matinale il n'y a pas foule et que je suis trop engagé sur la voie, je poursuis tranquillement mon chemin quand tout à coup j'entends deux motards planqués derrière un Abribus. Ils me font signe de m'arrêter.

– Vous là ! Vous n'avez pas vu le feu ? Vos papiers !

Et l'un des deux de s'exclamer :

– Oh ! C'est pas possible ! Je vous ai vu hier soir à la télé dans « Fort Boyard » avec Bruno Solo ! Vous me faites vraiment super marrer, vous !

Je lui explique que je vais animer mon premier direct sur Europe 1, donc que c'est un jour très important, et le prie d'excuser mon erreur. Mais à sa tête, je comprends que le rire a changé de camp, genre « rira bien qui rira le dernier ».

– Hé, c'est pas parce que vous êtes à la télé que vous avez des passe-droits !

De fait, l'addition sera plus que salée : plaque TROP petite – feu stop TROP peu éclairé – rétroviseur TROP petit – pot d'échappement TROP bruyant – vignette d'assurance TROP peu voyante. Bref tout était TROP. Sauf lui, le flic. Il m'a mis la totale, s'en est donné à cœur joie avant de me laisser repartir une heure plus tard avec un stress bien TROP dans le rouge.

« N'oublie jamais d'où tu viens… Jean Dujardin ! »

Même topo au stade de Cardiff où j'assiste aux quarts de finale de l'équipe de France de rugby. La France affronte les All Blacks et je suis le seul à scander « Allez les Bleus, on va gagner ! » Ambiance rugby sympathique, éclectique, mais titubante : une bonne partie du public est pleine de Hic ! Ils sont tous à moitié enivrés après un passage obligé par la rue de la Soif. Un spectateur tout aussi imbibé que ses acolytes me hèle, m'interpelle devant le stade :

– Eh toi, le mec de la télé ! Viens ici tout de suite, on fait la FOTO !

Sentant son haleine fortement imprégnée, je m'excuse, prétextant que le match va commencer.

– Oh, eh, tu rigoles ou quoi ? N'oublie jamais d'où tu viens… Jean Dujardin !

Encore un ! C'est quand même hallucinant, cette fascination que certaines personnes éprouvent pour vous tout en vous prenant pour un autre. En tout cas ça vous remet in extincto la pendule à l'heure si par hasard elle commençait à se dérégler, voire si par mégarde votre tête se mettait à enfler ! Ce sont ces petits instants de la vie qui font réaliser à quel point on ne doit jamais se prendre au sérieux. Garder ce décalage et surtout, essayer de ne pas accorder trop d'importance à l'image que la télé reflète, qui finalement n'est pas tant le reflet de la vie.

*
* *

Au départ les regards, il faut bien l'avouer, ne déplaisent pas, même si certaines rencontres me permettent de réajuster le tir. Par exemple je tombe du cinquième étage (c'est une image bien sûr) le jour où l'on m'apostrophe dans la rue et qu'on me lance, sans prévenir : « Oh, là, là, mais qu'est-ce qu'il est beau ! » Est-ce bien de moi dont on parle ? Avec mon physique de radio et ma tache sur le nez ? La réflexion me stupéfie, me laisse sans voix, limite pantois. Est-ce une fois de plus l'impact de la télé ? En fait, si on résume, avant d'être connu vous étiez normal, voire moche, mais ça, c'était avant ! Maintenant on vous voit avec les yeux de l'amour… Ou pas.

En compensation, en guise de gâteau sur la cerise, il y a en effet également le propos aigri de celui qui vous lance de manière acerbe :

– Ouais mais toi tu as réussi parce que tu es différent, tu es devenu célèbre parce que tu as une tache !

Là, je tombe direct du quinzième sans ascenseur.

Comme, dans un autre genre, la fois où le pire aurait pu arriver. Sortant d'un studio d'enregistrement, j'entends derrière moi un énorme coup de freins, le crissement des roues d'une voiture qui pile in extremis derrière un autobus. Je me retourne et découvre, surgissant derrière le bus, deux gamins poussés expressément par leur maman manquant de se faire écraser. Ils m'avaient reconnu de l'autre côté de la rue, ont frôlé le pare-choc du bus bondé de voyageurs. Tout ça pour prendre un selfie à mes côtés… Allez, bonne chance !

Chaque midi à travers l'écran, je suis l'invité du déjeuner, comme si mon couvert à la table était toujours mis. Je me suis fait à l'idée, avec le temps, d'être un ami de la famille… De l'autre côté de la télé, tout naturellement, eux aussi pensent faire partie de la mienne et qui plus est, je les connais, bien sûr, tous personnellement. D'où parfois quelques familiarités, lorsque par exemple, me tutoyant dans la rue, on me lâche au débotté :

– Oh Jean-Luc, ah ben c'est pourtant vrai que t'as une tache sur le nez !

Je ne compte même pas les demandes en mariage, les invitations pour parrainage de manifestations (intronisation pour devenir chevalier d'honneur de la confrérie de la tarte géante ou de la plus longue saucisse), ou même les propositions saugrenues comme d'envoyer, l'été, des selfies torse nu.

Pas toujours évident de ne pas se laisser vampiriser.

Même quand on se sent touché en plein cœur par cette jeune fille qui vous fait de jolis dessins, vous envoie des tonnes de lettres et connaît tout… TOUT… de votre vie privée. Je reçois même un jour jusque chez moi, à mon domicile, un album dans lequel elle a rassemblé toutes les photos trouvées sur les réseaux sociaux, les comptes Facebook, Twitter et autres, de mes enfants et de la femme que j'aime… Stupéfaction. Elle connaît tous leurs prénoms et même le surnom de mon chien, « L'Ajacchien » que j'ai adopté au refuge d'Ajaccio. Émouvant, mais aussi déstabilisant, ce sentiment de vie par procuration, mais surtout étrange sentiment d'intrusion. Rien à cacher, mais la vie privée doit, comme son nom l'indique, rester privée ! Quel intérêt de savoir que celle qui partage ma vie choisit tous mes vêtements puisque de toute manière, elle ne m'aime que nu ! Il est vrai qu'à certains moments, il faut tout de même poser des barrières pour se protéger.

Parfois, lorsque je me sens plus fragile, je mets une casquette, de larges lunettes pour que dans la rue on ne me remarque plus. Je ne veux surtout pas me priver des petits plaisirs simples de la vie, aller chez la boulangère juste pour lui entendre dire : « Et avec ceciiii ? » Et parfois même, je vais jusqu'à prendre une toute petite voix pour qu'on ne me reconnaisse pas.

Plus on avance, plus on est seul…

Quel que soit le niveau de réussite, elle peut faire des envieux, voire sonner le glas de solides amitiés en vous laissant de profondes blessures. Je songe à cet ami de trente ans quand j'ai lu un jour dans ses yeux : « Oui, mais pour toi tout est plus simple, maintenant. » Comme si j'avais gagné au Loto, et pas trimé comme un malade pour en arriver là.

Seule consolation, malgré mes appels réitérés sans réponse, ce SMS reçu chaque année le 1er janvier : « Je pense que cette année sera vraiment celle de nos retrouvailles. » De quoi se taper le derrière contre le lustre, et marcher sur la tête !

Il a de son côté très bien réussi dans son métier mais la médiatisation qu'engendre la télévision nous a séparés et a créé la jalousie, comme si je lui étais devenu redevable tout à coup et à tout jamais. Il s'est éloigné de moi, c'était mon ami. Je n'ai pourtant pas le sentiment d'avoir changé, surtout pas vis-à-vis de lui.

Les paillettes ne m'aveuglent plus, mais la liste des copains perdus, des amitiés déçues commence hélas à s'agrandir sérieusement.

À l'inverse, il y a ceux qui se font porte-parole : « Non, non, ça ne plaira pas à Jean-Luc ! » Ils exhibent des photos de ma famille, se prétendant même amis proches, alors qu'en réalité, on a fait un selfie vite fait pour faire plaisir au petit… Ahurissant, limite effrayant.

Il y a également le top du top, le radin qu'on a tous connu, et qui croit que tu ne le vois pas venir. Avec lui, c'est le fameux « Grand Jeu de l'Addition ».

Exposé de la situation : il gagne généralement très bien sa vie mais pense, en son for intérieur : « J.-L. peut payer. » La machine est en marche. Il se lâche au restau sur les plats les plus chers. Lorsque l'on regarde menu et tarifs, on sait à l'avance ce qu'il va désigner pour se sustenter. Entrées, plat, fromages, desserts (au pluriel), tout y passe. Apéros et vins à profusion bien sûr. On ne compte pas évidemment les soles à soixante euros et les bouteilles de vin hors de prix.

RESTAURANT - PIZZERIA

Chez M

MC #01

REG CAIS.01 28-07-2015 22:37 000093

TABLE No. 1

2	PIETRA	€8.40
1	PRESSION	€3.30
1	TUBES	€6.00
1	PRESSION	€3.30
10	SODAS	€30.00
2	FIUMICICOLI 3/4 ROUGE/RO	€56.00
1	ST GEORGE/OREZZA	€4.00
4	SODAS	€12.00
2	DIVERS	€14.00
3	PIZZA CHEVRE MIEL	€42.00
2	SUGGESTION	€50.00
1	PIZZA NAPOLITAINE	€13.50
1	SUPPL.PIZZA	€1.00
2	PIZZA REINE	€28.00
2	SUPPL.PIZZA	€2.00
2	SEICHE PERSILLADE	€38.00
1	PIZZA ESPAGNOLE	€15.00
1	PIZZA CALZONE	€13.00
2	PIZZA MARGUERITA	€20.00
	TOTAL	€357.50

+ 26

383,50

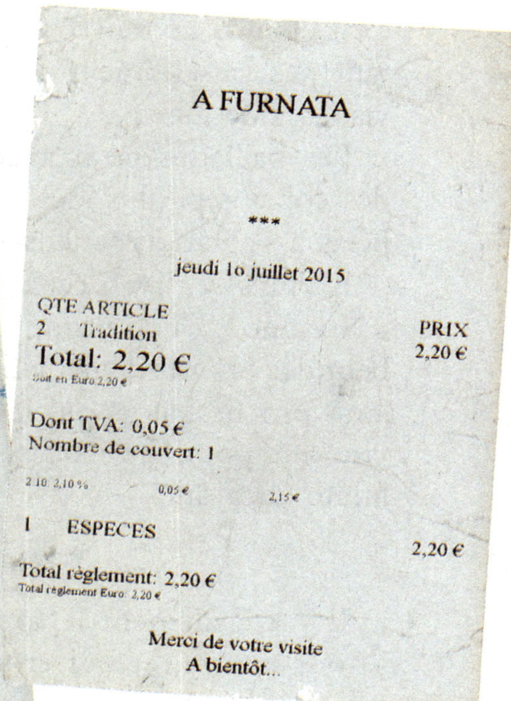

A FURNATA

***

jeudi 16 juillet 2015

QTE ARTICLE PRIX

2 Tradition 2,20 €

Total: 2,20 €

Soit en Euro 2,20 €

Dont TVA: 0,05 €

Nombre de couvert: 1

2 10 2,10 % 0,05 € 2,15 €

1 ESPECES 2,20 €

Total règlement: 2,20 €

Total règlement Euro: 2,20 €

Merci de votre visite

A bientôt...

Le jeu du ... "Qui a payé quoi!"

Dans ces cas-là, histoire de mettre un peu de piment dans le digestif, d'herbe de bison dans la vodka, laisser en fin de repas, l'addition sur la table. Instant de flottement, raclements de gorge, aller-retour aux toilettes assuré.

C'est le grand moment d'improvisation. Regarder la note et là, c'est toujours le même refrain…

Il feint la surprise :

– Ah tu payes ? C'est pour toi ?

Confiant, il attend votre approbation.

Les plus pingres ajoutent avec un sourire qui n'appartient qu'à eux :

– T'es sûr, hein ?

Extraordinaire. Magique. Moment suspendu.

De temps en temps, il est impératif de pousser le jeu à son paroxysme :

– Bon, OK ! Prends la note finalement.

Et là on le voit se décomposer !

C'est le même qui m'invitera royalement la prochaine fois… Chez McDo ! Et là, grand seigneur, il s'empressera de me devancer en lançant de manière tout à fait spontanée :

– Non, non, laisse, c'est pour moi !

Menu Giant avec big boisson, dessert et café inclus : 7 euros 50 ! Chaque fois que je vais là-bas avec ce genre d'« amis », je suis sûr de ne rien débourser !

Tout le monde l'a vécu, on le revivra tous, mais il est vrai que grâce à eux au quotidien, je peaufine mon étude comportementaliste qui devient au fil du temps de plus en plus pointue.

Bien sûr lorsque la personne en face ne peut suivre financièrement, il est impératif de mettre dès le départ tout le monde à l'aise autour de la table. Vous passerez ainsi un déjeuner délicieux, sans aucune ambiguïté.

Important de signaler que les profiteurs, ceux qui ne vous quittent plus quand vous commencez à être connu, ont une fâcheuse tendance à ne plus vous donner de nouvelles dans les moments compliqués pour vous. Plus de téléphone qui sonne, aucune nouvelle et surtout pas une invitation au restau.

Force est cependant de reconnaître qu'il y a aussi ceux qui s'en moquent totalement. Ceux-là prennent l'addition sans souffler, sans dire « Ah, tu… » ou « Euh je… » Oui, ils existent aussi, et ce ne sont généralement pas les plus aisés, pas les plus fortunés.

Autre catégorie : les « amis connus » de la grande famille de la Télé. Ceux avec lesquels vous vous entendez super bien, mais avec qui vous n'avez jamais partagé même un petit déjeuner. Peut-être ont-ils pour règle de ne pas mélanger travail et amitié. Je le respecte… Tout en le regrettant.

De vrais liens d'amitié se nouent-ils réellement à la télévision ?

Le bien que procure le fait d'être connu peut aussi faire beaucoup de mal à la famille, ou au moins causer de réels problèmes. Sur Internet le moindre propos est déformé et peut se montrer vraiment blessant pour les enfants. Parfois, à ma grande surprise, mon fils me demande :

– Papa, c'est vrai que tu as dit ça à la télé ? C'est un copain qui m'a dit que tu avais dit qu'un monsieur t'avait dit…

Tout est dit.

Sur la Toile, tout est dit aussi, tout et son contraire, c'est pour cette raison qu'après avoir découvert que quinze personnes avaient pris mon identité, j'ai décidé de créer mon propre compte Facebook pour éviter toute ambiguïté.

Apprendre à préserver les siens, à gérer cette lumière éphémère qui, si elle vous rapproche virtuellement du public, vous éloigne lentement de vos proches, de cette authenticité dans la relation qui scelle la véritable complicité.

Toutes ces situations apprennent à relativiser.

Lorsque TF1 me fait confiance pour la tranche de 19 heures, les messages de « Bravo, c'est génial ! Si tu as besoin d'un coup de main ! » affluent. Autant de messages provenant de personnes qui ne prennent jamais de mes nouvelles en temps normal. Parfois même, les messages se font insidieux : « Au fait, tu te rappelles qu'on doit se faire ce fameux dîner depuis une éternité ! »

Le fait est que lorsque le moral et le travail ne sont pas au beau fixe, il n'y a plus personne…

Avec le recul, on apprend le discernement, au prix de la solitude. On a beau te prévenir de l'effet pernicieux de la médiatisation, tu n'imaginais pas le phénomène aussi violent. Parfois il faut le prendre au troisième degré, s'en amuser, si bien que votre interlocuteur ne sait plus si c'est du lard ou du cochon. « Ah, c'est bizarre… Tu t'intéresses à moi ? »

*

* *

Bon il est vrai que tout ça, c'est ce qu'on se dit les jours de mauvaise humeur. Preuve en est, ce que j'ai répondu à la femme que j'aime lorsqu'elle m'a interviewé.

– *Tu aimes qu'on te reconnaisse dans la rue ?*

– Parfois oui, parfois non. Je n'en suis pas sûr, mais il est bien possible que j'aime encore moins quand on ne me reconnaîtra plus…

Parce que, soyons basiques, pragmatiques : la notoriété apporte nombre de satisfactions. Finalement, que l'on soit animateur d'émissions destinées au grand public, comédien ou acteur, être connu et reconnu est le corollaire du succès. Si personne ne vous connaît ni ne vient vous voir, si la salle est vide ou que les audiences ne sont pas au rendez-vous, on ne peut pas continuer. C'est une note, c'est comme à l'école…

Mais, comme me l'a écrit Claude Onesta, le sélectionneur charismatique de l'équipe de France de handball, en me dédicaçant son livre : « La lumière n'est qu'illusion, seul le partage lui redonne du sens. »

A Jean-Luc,

Eloignés de la RN 88, où
nous sommes pourtant
profondément enracinés.
La lumière n'est qu'illusion,
seul le partage des hommes
lui redonne du sens.

Amitié fidèle

Claude

18/07/2012

Or si les gens finissent par vous aimer au point de vous suivre jusque dans votre intimité c'est que vous faites partie de leur vie, et que le pari du travail est gagné. On leur fait du bien, on les fait rire, on les a émus, on les a peut-être fait espérer au quotidien… On leur offre un peu de soi tous les jours. « Donner pour donner, c'est la seule façon d'aimer. » Je pense que le public ressent le partage de ces émotions.

– 18 –

À TOI DE JOUER !

Ma tache a ce don paradoxal d'être plus ou moins visible selon le lieu, la saison, la lumière, le bronzage, la fatigue, mais également la situation dans laquelle je me trouve, ou les gens qui ont tendance à m'énerver. Dans mon entourage, plus personne n'y prête vraiment attention. Comme si le temps l'avait gommée au fil des années. En fait désormais, si je voulais passer incognito, comble du comble, je pense qu'il suffirait juste que je la cache.

Il arrive cependant encore aujourd'hui que l'on m'aborde dans la rue au son d'un : « Oh lalalalala, mais qu'est-ce qui vous est arrivé sur le nez ? Mon pauvre ! Vous vous êtes battu ? » Que dire après toutes ces années ? Rien, plus rien, si ce n'est esquisser un sourire en guise de « Merci, mais tout va bien. »

*

* *

L'an dernier, nous sommes partis au bout du monde en amoureux. Là-bas, même en pleine ville nous marchons au milieu de la foule, main dans la main sans aucune crainte, en toute liberté, personne ne me connaît, ne me reconnaît. Si les regards se portent sur moi, c'est uniquement à cause, ou grâce à ma tache. Et cette différence assumée fait finalement de moi un homme comme les autres, avec juste cette petite coquetterie sur le nez.

Au fond, ne serait-ce pas une vraie chance de ne pas naître beau et de ne pas avoir à endurer l'angoisse de cette plastique qui s'amollit, se ramollit, qui se dégrade et qui vieillit, en bien ou en mal, mais qui inexorablement glisse vers la dégringolade ? Je sais, j'extrapole, j'exagère, mais je m'amuse. Parce que, quand tu es né entaché, que tu as une différence dès la naissance, mieux vaut essayer d'en rire, d'en faire une force et non une faiblesse. Mais il faut surtout travailler sur soi et tenter de cultiver un autre genre de beauté.

Toutefois si, par coquetterie, tu décides de te faire faire un petit coup de laser dans les yeux parce que tu es presbyte et que tu ne veux pas devenir homme à lunettes, tu as le droit ! Le fait est que si tu deviens, avec le temps, à la fois casse-couilles et presbyte, ça devient compliqué.

Trêve de plaisanteries, car ça c'est sérieux : à l'heure où le monde moderne use et abuse de chirurgie esthétique, de la possibilité de se faire refaire, tout refaire de A à Z… je refuserai toujours de faire disparaître ma tache.

Même si mon oncle chirurgien spécialisé dans les grands brûlés me l'a souvent proposé.

– Maintenant tu sais, il n'y a plus aucun problème pour te la faire retirer, viens en Slovaquie et je m'occupe de toi personnellement.

C'est sans une seule hésitation et à son grand étonnement que depuis longtemps je lui rétorque :

– Je suis né avec, je mourrai avec !

– Mais… Toi qui travailles à la télé ?

– Oui mais c'est moi. Elle fait partie de mon identité. Si je l'enlevais, je suis sûr que désormais, ça décevrait tout le monde. Moi le premier.

Je suis devenu ce que je suis au fil du temps, mais surtout j'ai essayé de m'accepter, de m'adapter. Parfois je me demande si j'aurais fait le même chemin sans cette tache qui m'a forgé le caractère, donné l'envie de me battre, mais aussi de me faire comprendre, d'aimer, de donner et de partager… Même si, au fond de moi, il y a toujours ce petit garçon qui parfois se cachait pour pleurer.

Sanary-sur-Mer

Nous nous sommes accordé quelques jours de repos à deux, en amoureux. Elle veut me faire découvrir le Sud… Son Sud. Ce sud-est de la France que je ne connais pas. Une pause qui va commencer par un dîner face à la mer. Une table avec bougie, petites fleurettes et vue sur le port. L'endroit est charmant, le menu alléchant, la soirée s'annonce des plus romantiques : bouillabaisse, croustade de sardines à l'escabèche, poisson en croûte de sel… Sourire aux lèvres et papilles en émoi, elle, moi, mais surtout, rien que nous.

Nous franchissons main dans la main la porte grande ouverte.

– Bonjour. C'est possible de dîner en terrasse ?

Le regard de la dame qui nous accueille se fige. Elle semble tétanisée, comme en difficulté respiratoire. C'est avec peine, mais les mains tremblantes et la larme à l'œil qu'elle parvient à balbutier :

– Vous pouvez vous asseoir ici.

Certes, j'ai fini par m'habituer à ce que les gens me reconnaissent, d'ordinaire ça leur fait plutôt plaisir, mais là, elle semble avant tout être en état de choc.

Elle nous apporte la carte, et se penchant vers moi, me dit à voix basse, là, juste face à mon aiméééeee :

– Vous savez, je vous ai écrit, souvent écrit.

Je suis un peu gêné :

– Écoutez, c'est charmant.

Elle continue sous le regard de ma moitiéééé :

– Je vous ai écrit dix fois, vingt fois mais je ne vous ai jamais envoyé les lettres…

Je tente de détendre l'atmosphère, histoire de mettre à l'aise tout le monde.

– Ah mais alors c'est normal que je ne les aie jamais reçues !

Je sens qu'il va falloir que je coupe court à cet échange si je veux profiter de mon tête-à-tête aussi rare que précieux en ce joli lieu. Mais cette femme a un air si touchant que malgré moi j'ajoute :

– Et que disaient vos lettres ?

Comme un barrage dont les vannes auraient lâché, comme si un oisillon s'était d'un seul coup envolé, sa parole se libère :

– J'ai un enfant de sept ans et il a le même angiome que vous sur le nez… en trois fois plus gros. Voilà. Voilà pourquoi je vous ai écrit…

Silence de poisson mort face au port. Elle m'a touché, coulé.

Elle se lance dans les explications. Les soucis que son enfant rencontre à l'école et ô combien au quotidien elle en souffre, désemparée, ne sachant à quel saint se vouer ni quel comportement adopter. Je reçois ses paroles en plein cœur. Son histoire est certainement la même que celle de ma mère quelques années plus tôt, avec les mêmes difficultés rencontrées, les mêmes douleurs et la même pudeur à les exprimer. C'est tout son ressenti qui m'explose à la figure. Tout revêt soudain un côté presque dramatique. Je me regarde dans le rétroviseur, c'est l'enfant que j'étais que j'y vois. Difficile de prendre le passé de plein fouet lorsque seul ce soir-là le présent est important. Impossible de faire semblant d'ignorer l'histoire de ce petit garçon en souffrance.

– Votre enfant n'est pas loin ? Nous ne sommes là que ce soir, je pourrais peut-être le rencontrer…

Elle me répond qu'il est chez ses grands-parents pour le week-end et elle finit par s'éclipser pour nous laisser dîner en paix. Bon, certes, l'appétit n'est plus au top lorsqu'on a le cœur dans les talons, et dans la tête l'idée qu'un gamin qui vous ressemble comme un petit frère est en pleine détresse.

Ce soir-là, nous ne trouverons pas le sommeil. Chercher toute la nuit une solution pour que je puisse tout de même rencontrer cet enfant. La décision s'impose : reculer d'une demi-journée notre arrivée sur le lieu de tournage où nous sommes attendus. Le lendemain matin, dès le petit déjeuner, j'appelle le restaurant où nous avons dîné.

– Votre fils sera là à midi ?

– Oui… Gabin sera là.

– Je vais passer.

À l'autre bout du fil un énorme blanc, comme si la communication avait été coupée, puis c'est l'effervescence, la maman est folle de joie. C'est maintenant à mon tour de me sentir fébrile, presque impressionné à l'idée de le rencontrer, de me retrouver face à ce petit garçon que j'étais.

*

* *

Cher Jean-Luc,
Si je vous écris cette lettre,
Mon petit garçon de 7 ans
Monsieur,
Je vous écris
mon enfant
Jean-Luc,
Ce petit mot pour essayer de vous dire
fils

Il est midi. Il est là. Je suis là. Un bonjour échangé entre deux timides qui se rencontrent, unis, réunis par un même sujet. Face à face, nez à nez sur la terrasse que je ne suis pas près d'oublier.

– Ça va ?

– Oui ça va.

Il ressemble à mon petit dernier, avec la même tête toute blonde. Je ne cherche même plus à savoir ce que je vais lui dire. Sans filet, à l'instinct, je le sens, le ressens… Il est sur la défensive. Il n'ose presque pas me regarder. Cette pudeur de l'enfant que j'étais, je la retrouve instantanément.

– Tu sais quand j'étais petit, moi… pareil que toi ! Pffff… la galère. C'est pas rigolo hein ?

On se parle de tout ce qu'il ressent à l'instant, de toutes ces situations qu'il vit, qu'il a vécues et que je connais par cœur.

– Et toi, c'est quoi tes surnoms à l'école ? Parce que moi, c'était « la Tache ».

Je décèle en lui une grande curiosité. Il m'écoute, il m'observe attentivement de son petit air nonchalant, sans me poser de questions.

Nous sommes tous deux seuls sur cette terrasse inondée de soleil. C'est un moment fort, très fort. Nous resterons attablés à nous livrer, à partager ainsi pendant une demi-heure. Trente minutes d'échange de mots, de silences, de non-dits, tout en ressenti. Lorsque nous nous quittons, j'ai l'impression qu'il est soulagé, et moi aussi. Plaisir d'avoir pu aider à mon niveau ce petit bonhomme qui va peut-être devoir, tout comme moi, affronter les paroles et les regards toute sa vie.

Les enfants nous surprennent toujours. On ne cesse d'apprendre à leur contact. Si le chemin ne m'avait pas permis de travailler à la télé, je suis certain que j'aurais fait un métier qui m'aurait permis d'être proche d'eux. Les petits, on peut leur raconter des histoires, les embarquer, les aider à développer leur imaginaire, les guider vers la jolie vie dont il rêvent…

Depuis cette rencontre inopinée, j'ai de ses nouvelles régulièrement par personnes interposées. Il semblerait que ses notes soient bonnes à l'école, et qu'il fasse rire tous ses petits copains de classe.

Si seulement à l'issue de notre rencontre il a pu se dire en me voyant : « Et pourquoi pas moi ? Et si moi aussi je saisissais ma chance d'être différent ? »

… Ce serait mon plus beau cadeau, ma plus belle récompense.

~~la tache~~
l'attache

TABLE DES MATIÈRES

REMERCIEMENTS

Un grand Merci à vous tous qui, de près ou de loin, avez joué, chacun, un rôle plus qu'important au fil des éclats de ma vie.

Conception des illustrations et dessins
Nathalie Lecoultre

Direction littéraire
Huguette Maure
assistée de
Laurie Beck

Composition PCA

Impression réalisée par
pour le compte des Éditions Michel Lafon

Imprimé en Espagne
Dépôt légal : novembre 2015
ISBN : 978-2-7499-2382-6
LAF : 1936